# Sportsponsoring

# Sportsponsoring

Wirkung und Erfolgsfaktoren aus neuropsychologischer Sicht

Jens Falkenau

1. Auflage

Haufe Gruppe
Freiburg · München

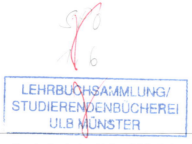

**Bibliographische Information der Deutschen Nationalbibliothek**
Die Deutsche Nationalbibliothek verzeichnet diese Publikation in der Deutschen Nationalbibliographie; detaillierte bibliographische Daten sind im Internet über http://www.dnb.de abrufbar.

Print: ISBN: 978-3-648-03799-7  Bestell-Nr. 01269-0001
EPUB: ISBN: 978-3-648-03800-0  Bestell-Nr. 01269-0100
EPDF: ISBN: 978-3-648-03801-7  Bestell-Nr. 01269-0150

Jens Falkenau
**Sportsponsoring**
1. Auflage 2013
© 2013, Haufe-Lexware GmbH & Co. KG, Munzinger Straße 9, 79111 Freiburg

Redaktionsanschrift: Fraunhoferstraße 5, 82152 Planegg/München
Telefon: (089) 895 17-0
Telefax: (089) 895 17-290
Internet: www.haufe.de
E-Mail: online@haufe.de
Produktmanagement: Jutta Thyssen

Lektorat: Lektoratsbüro Peter Böke, 10825 Berlin
Satz: kühn & weyh Software GmbH, 79110 Freiburg
Umschlag: RED GmbH, 82152 Krailling
Druck: fgb · freiburger graphische betriebe, 79108 Freiburg

Alle Angaben/Daten nach bestem Wissen, jedoch ohne Gewähr für Vollständigkeit und Richtigkeit. Alle Rechte, auch die des auszugsweisen Nachdrucks, der fotomechanischen Wiedergabe (einschließlich Mikrokopie) sowie der Auswertung durch Datenbanken oder ähnliche Einrichtungen, vorbehalten.

# Inhaltsverzeichnis

| | |
|---|---|
| Vorwort | 7 |
| Einleitung | 11 |

| | | |
|---|---|---|
| **1** | **Werbewirkung aus neuropsychologischer Perspektive** | **19** |
| 1.1 | Messansätze in der Werbewirkungsforschung | 20 |
| 1.2 | Aufbau und Funktion des Gehirns | 24 |
| 1.3 | Werbewirkung auf Grundlage der Hirnforschung | 27 |
| **2** | **Sportsponsoring – ein vielfältiges Kommunikationsinstrument** | **31** |
| 2.1 | Zum Begriff „Sportsponsoring" | 32 |
| 2.2 | Werbemöglichkeiten im Sportsponsoring | 32 |
| 2.3 | Grundbegriffe im Sportsponsoring | 39 |
| **3** | **Die erste Wirkungsstufe: Wahrnehmung der Sponsoringbotschaft** | **43** |
| 3.1 | Wahrnehmung der Sponsoringbotschaft durch den Konsumenten | 44 |
| 3.2 | Aufbau und Funktion des menschlichen Auges | 46 |
| 3.3 | Die Aufmerksamkeit des Konsumenten gewinnen | 47 |
| 3.4 | Theorien und Funktionen der Aufmerksamkeit | 49 |
| 3.5 | Endogene und exogene Faktoren der Aufmerksamkeitssteuerung | 55 |
| 3.6 | Die implizite Wahrnehmung von Sponsoringbotschaften | 64 |
| 3.7 | Gibt es eine unterschwellige Sponsoringwirkung? | 69 |
| 3.8 | Multisensorische Verstärkung der Sponsoringbotschaft | 72 |
| **4** | **Die zweite Wirkungsstufe: Speicherung der Sponsoringbotschaft** | **75** |
| 4.1 | Der Klassiker – Das 3-Speicher-Modell | 76 |
| 4.2 | Wie lernt das Gehirn? | 80 |
| 4.3 | Die Verarbeitung einer werblichen Botschaft | 86 |
| 4.4 | Was erleichtert das Lernen einer Sponsoringbotschaft? | 89 |
| 4.5 | Das implizite Lernen der Sponsoringbotschaft | 96 |

| 5 | **Die dritte Wirkungsstufe: Markenwirkung der Sponsoringbotschaft** | 103 |
|---|---|---|
| 5.1 | Wirkung der puren Exposition der Sponsoringbotschaft – der Mere-Exposure-Effekt | 104 |
| 5.2 | Einfluss des Sponsorings auf die Markenbekanntheit | 108 |
| 5.3 | Emotionalisierung der Marke | 112 |
| 5.4 | Der Imagetransfer – Übertragung von Assoziationen auf die sponsernde Marke | 128 |
| 5.5 | Die Absatzwirkung – Kann Sponsoring auch verkaufen? | 131 |
| 6 | **Die Bedeutung des Sponsorings für das Management von neuronalen Markennetzwerken** | 137 |
| 6.1 | Die Bedeutungsstruktur einer Marke | 138 |
| 6.2 | Wie kommt durch Sponsoring Bedeutung in die Marke? | 139 |
| 7 | **Messmethoden der Sponsoringwirkungsforschung** | 143 |
| 7.1 | Messung der Erinnerung an eine Sponsoringbotschaft | 144 |
| 7.2 | Analyse und Messung der impliziten Wirkungsebene | 146 |
| 7.3 | Eye-Tracking – Ein Quantensprung in der Aufmerksamkeitsmessung | 147 |
| 7.4 | Messung der impliziten Markenwirkung | 151 |
| 7.5 | Imagetransfer im Fußballsponsoring – Eine Grundlagenstudie | 155 |
| 8 | **Zusammenfassung: Wirkung von Sportsponsoring aus neuropsychologischer Sicht** | 159 |
| 8.1 | Wirkt Sportsponsoring? – Ein erstes Fazit | 160 |
| 8.2 | Was bringt die neuronale Wende? – Ein zweites Fazit | 163 |

| **Anhang** | | **167** |
|---|---|---|
| Im Text zitierte Literatur | | 169 |
| Literaturempfehlungen | | 173 |
| Abbildungsverzeichnis | | 179 |
| Stichwortverzeichnis | | 181 |
| Danksagung | | 187 |
| Der Autor | | 189 |

# Vorwort

Jahr für Jahr investieren viele Unternehmen Millionen in das Sponsoring. Besonders viel Geld fließt in das Sportsponsoring, also in die Unterstützung von Sportveranstaltungen, Sportvereinen, Verbänden sowie Einzelsportlern. Dabei ist die Zielsetzung auf Seiten der Unternehmen keineswegs mehr ausschließlich die Unterstützung des Sports als gesellschaftlich bedeutsame Aufgabe von Unternehmen — die sogenannte Corporate Social Responsibility, früher auch als Mäzenatentum bezeichnet. Sportsponsoring etabliert sich immer mehr als wichtiges Kommunikationsmittel im Marketing-Mix. Anders wären die investierten Summen — speziell in den Spitzensport — auch nicht mehr zu rechtfertigen. Die Studie „Sponsor Vision" geht im Jahr 2012 von einem Investitionsvolumen von 2,8 Mrd. EUR in den Sport aus — und dies allein in Deutschland. Lohnt sich diese Investition aber für die sponsernden Unternehmen? Welche Wirkung erzielen sie mit diesen Investitionen für ihre beworbenen Marken? Erzielen sie überhaupt irgendeine Wirkung?

Das vorliegende Buch beschäftigt sich mit genau dieser Fragestellung. Auf den nächsten Seiten wird erläutert, welche Wirkung Sportsponsoring auf Marken haben kann. Ausgehend von der Erkenntnis, dass Marken im Wesentlichen ein psychologisches Phänomen sind, die ihre Existenz und konsumtreibende Wirkung in den Köpfen der Konsumenten entfalten, lautet die Frage eigentlich, was dieses Kommunikationsinstrument bei den Konsumenten konkret bewirkt — und dies in ihren Köpfen bzw. ihren Gehirnen. Dabei werden die wichtigsten theoretischen Erklärungsansätze der letzten 20 Jahre akademischer Sponsoringforschung ebenso berücksichtigt wie 15 Jahre Forschungserfahrung des Autors bei dem spezialisierten Sponsoringforschungsinstitut SPORT+MARKT. Gerade die Arbeit mit den Kunden, die allesamt Sportsponsoring als ein zentrales Instrument ihrer Markenkommunikation einsetzen, hat zum Schreiben dieses Buches inspiriert. Ist doch die Frage nach der Wirkung des Sportsponsorings — neben den Fragen nach dessen monetären Wert und Optimierungsmöglichkeiten — die am häufigsten an SPORT+MARKT gestellte Fragestellung. Nach jahrelanger Erforschung der Wirkung von Hunderten von Sportsponsorships sollte man dazu einige Antworten parat haben, die über eine Einzelbefundlage hinausgehen. Auch deshalb ist dieses Buch geschrieben worden, um die verallgemeinerbaren Erkenntnisse zur Wirksamkeit von Sportsponsoring einer interessierten Öffentlichkeit zugänglich zu machen.

Darüber hinaus möchte dieses Buch einen Trend aufgreifen, der in der Branche als „neuronale Wende" bezeichnet wird. Damit ist der Beitrag des Neuromarketings zur Erklärung (und auch Optimierung) der Wirksamkeit von Sportsponsoring gemeint. Viel ist darüber in den letzten Jahren geredet worden, etwas weniger wurde darüber geschrieben. Die Erwartungshaltung gegenüber den Verheißungen des Neuromarketings war tatsächlich recht groß. Doch was ist daraus geworden? Welchen Beitrag leisten die Neurowissenschaften zum besseren Verständnis der Wirkungsweisen von Sportsponsoring? Auch auf diese Frage möchte dieses Buch eine Antwort geben.

Im deutschsprachigen Raum war es speziell das Buch „Wie Werbung wirkt" von den Autoren Christian Scheier und Dirk Held, welches das Thema Werbewirkung konsequent unter neuropsychologischer Perspektive betrachtete.[1] Beide Autoren haben in ihrem Buch einen Einblick in die Erkenntnisse des Neuromarketings zur Wirkung von klassischer Werbung gegeben. Einige Parallelen lassen sich auch zum Sportsponsoring ziehen. Interessant ist in diesem Zusammenhang, dass bereits lange vor Scheier und Held ein Buch mit dem Titel „Wie Werbung wirkt" erschienen ist. Die Autorin war Eva Heller, eine renommierte Werbeexpertin.[2] Dieses bereits 1984 veröffentlichte Buch nahm eine sehr kritische Haltung gegenüber den werbepsychologischen Thesen aus der Denkschule um Kroeber-Riel ein. Speziell die damals sehr populäre Annahme, Werbung wirke höchst manipulativ und am Bewusstsein der Konsumenten vorbei, wurde als recht übertriebene und wenig belegte Annahme über die Wirkung von Werbung entlarvt. Ähnliche Thesen hat das moderne Neuromarketing wieder populär gemacht. Doch wissen wir jetzt aus der Hirnforschung so viel mehr, dass wir die Annahme der geheimen Verführer — oder der unbewussten Manipulation der Konsumenten — nun letztlich doch bestätigen müssen? Und welche Rolle spielt dabei das Sportsponsoring? Die Auseinandersetzung mit dem Thema Neuromarketing erfolgt in diesem Buch ebenfalls kritisch, allerdings anerkennend, dass durchaus sehr relevante Forschungs-

---

[1] Scheier, C./ Held D. (2008). Wie Werbung wirkt: Erkenntnisse des Neuromarketing. Freiburg: Haufe Mediengruppe.
[2] Heller, E. (1984). Wie Werbung wirkt: Theorien und Tatsachen. Frankfurt: Fischer.

ergebnisse die Bedeutung des Neuromarketings unterstreichen — und dies auch speziell für das Kommunikationsmittel Sportsponsoring.

## An wen wendet sich dieses Buch?

Dieses Buch wendet sich in erster Linie an Praktiker, die Sportsponsoring als Instrument der werblichen Markenkommunikation einsetzen oder einsetzen wollen. Es zeigt die Möglichkeiten und Wirkungsweisen dieser Kommunikationsform auf und möchte Marketing- und Werbeentscheider unterstützen, Sponsoring wirkungsvoll im Rahmen der Markenkommunikation einzubinden. Des Weiteren richtet sich dieses Buch an Werbe- und Sponsoringforscher, die eine stärkere theoretische Fundierung ihrer Arbeit wünschen. Nicht zuletzt wendet sich dieses Buch aber auch an Vorstände und Geschäftsführer, die generell wissen wollen, welche Möglichkeiten der Markenkommunikation Sportsponsoring bietet, aber auch, welche Grenzen dieses werbliche Instrument hat.

Dieses Buch basiert neben der beruflichen Erfahrung des Autors auch auf eine intensive Literaturrecherche. Anders als in der akademischen Literatur verzichtet es aber fast vollständig auf das gewohnte Verweisen und Zitieren der Quellen. Dies dient der besseren, verständlicheren und auch schnelleren Lesbarkeit. Wer die hier veröffentlichten Gedankengänge nachvollziehen möchte und sich auch für die zugrunde liegenden Quellen interessiert, der findet hilfreiche Literaturempfehlungen am Ende des Buches. Dort werden auch alle empfohlenen Quellen näher kommentiert und eingeordnet.

# Einleitung

Wirkt Sponsoring? Wie wirkt Sponsoring? Was wissen wir über die Wirksamkeit dieses Kommunikationsinstruments? Was glauben wir darüber zu wissen? Was sind gesicherte Fakten? Fragen wie diese wird sich jeder stellen, der einen substanziellen Betrag in eine Sportsponsoringmaßnahme gesteckt hat. Letztlich soll sich diese Investition ja auch lohnen. Und wie lohnen sich Kommunikationsmaßnahmen? Indem sie bei den Konsumenten etwas bewirken, was den Abverkauf der Marken, der Produkte oder Dienstleistungen steigert oder eine Mehrpreisakzeptanz stimuliert. Klassische Werbemaßnahmen müssen häufig diesen Zielen dienen, tun sie es nicht, sind es Fehlinvestitionen die zügig abgesetzt werden. Freilich versucht man dies schon im Vorfeld zu vermeiden, indem Werbemaßnahmen auf den Prüfstand der Werbeforschung gestellt werden.

Wie sieht es aber im Sportsponsoring aus? Zunehmend werden auch mit dem Sponsoring ähnliche Ziele verfolgt. Sponsoring ist schon lange keine Frage des Goodwills oder des Mäzenatentums mehr; Sponsoring soll für Marken werben, soll sie bekannter machen, soll sie emotional aufladen, ihr Image verbessern, letztlich den Abverkauf positiv beeinflussen. Sponsoring soll aber noch mehr; es soll das Unternehmen ins rechte Licht rücken, gesellschaftliche Verantwortung dokumentieren und auch eine Plattform für attraktive Hospitality-Veranstaltungen bieten. Und damit auch die Arbeit des Vertriebs unterstützen.

**Wachstumsraten im Sportsponsoring**

Gemessen an den Wachstumsraten im Sportsponsoring scheint sich die Branche einig über die Wirksamkeit dieses Kommunikationsmittels zu sein. Aktuellen Studien zufolge (z. B. Sponsor-Vision 2012) steigt das Investitionsvolumen der Sponsoren in den Sport nach wie vor kontinuierlich. Lange Jahre waren die Wachstumsraten im Sportsponsoring sogar deutlich größer als in der klassischen Werbung. Auch in Zeiten der Krise hat sich der Sponsoringmarkt als erstaunlich robust erwiesen. Es scheint also so zu sein, als wäre das Vertrauen in die Wirksamkeit von Sportsponsoring stark ausgeprägt. Doch ist das wirklich so?

Einleitung

## Wie wirksam ist Sportsponsoring eigentlich?

In der Literatur und in der Fachpresse ist eine gehörige Skepsis nicht zu übersehen. Öffentlich wird die Wirksamkeit von Sportsponsoring angezweifelt, Milliardengräber und Imageschäden für die werbenden Marken werden beschworen. Der Vermarkter GWP Media (heute umbenannt) ließ sich sogar zu einer Kampagne hinreißen, die wenig schmeichelhaft mit dem Instrument Sportsponsoring umging. Die zentrale Aussage war: „Ihre Marke hat etwas Besseres verdient!"

Ihre Marke hat etwas Besseres verdient: klassische Medien.

Abb. 1: Kampagne der GWP, die auf die Risiken des Sportsponsorings hinweist

Und es scheint auch etwas an der Skepsis dran zu sein, schaut man sich das werbliche Umfeld im Sport an. Reizüberflutung und Logofriedhöfe wohin man schaut. Jedes Fleckchen am Körper von Athleten wird „gebrandet", Dutzende von Werbebotschaften warten am Spielfeldrand auf interessierte Betrachter. Doch interessiert sind diese Betrachter wohl meist nur am Sportgeschehen, nicht an den beworbenen Marken, die auch häufig nur am Rand positioniert sind, dort wo das sportliche Geschehen nicht stattfindet. Die Abbildungen unten zeigen typische Szenen im Sport, die dies eindrucksvoll demonstrieren.

Abb. 2: Typische Sponsoringumfelder mit einer Vielzahl von werblichen Botschaften meist randständig platziert

Einleitung

**Eingeschränkte Werbemöglichkeiten im Sportsponsoring**

Werbung soll eine Botschaft vermitteln, einen Produktnutzen herausstellen, einen USP oder auch eine glaubwürdige Geschichte rund um die Marke erzählen. Im Sportsponsoring sind die Möglichkeiten dazu eher begrenzt. Häufig kann nicht mehr als das Logo einer Marke platziert werden oder ein kurzer Claim. Sponsoringmittel wie digitale Banden ermöglichen zwar noch den Einsatz von Bildern oder Produktabbildungen. Viel mehr ist allerdings nicht drin. Reicht das für eine wirkungsvolle Markenkommunikation? Und welche Botschaft übermittelt eigentlich das Sponsoring über die werbende Marke? Und geht diese Botschaft nicht unter in der Masse der werbenden Marken? Statistisch gesehen werben über 1000 Marken allein in der Sportart Fußball. International, national und regional. Marken, die zum Teil aus denselben Branchen kommen, sich also als Wettbewerber gegenüberstehen. Macht da ein Engagement im Sport noch Sinn?

Wir wollen uns auf den folgenden Seiten genau mit dieser Fragestellung befassen. Wir werden erfahren, welche Wirkung ein Sportsponsoring auf Marken entfalten kann, unter welchen Bedingungen ein Sponsoring wirkungsvoll ist und unter welchen Bedingungen es dies nicht ist. Wir werden sehen, wie Konsumenten die werblichen Botschaften im Sport aufnehmen und wie dies ihre Sicht und ihre Einstellung den sponsernden Marken gegenüber verändern kann. Dabei ist stets zu beachten, dass Sponsoring, wie jede andere werbliche Kommunikation, letztlich das Vermitteln einer Botschaft von einem Sender zu einem Empfänger ist. Das klassische Modell der Kommunikation gilt auch im Sponsoring, wie die folgende Abbildung zeigt. Eine Botschaft wird enkodiert, über einen Kanal übermittelt und vom Empfänger wieder dekodiert.

Einleitung

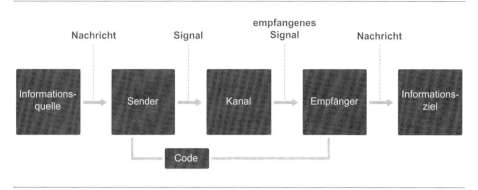

Abb. 3: Das klassische Kommunikationsmodell in Anlehnung an Lasswell

Doch anders als in der klassischen Werbung, in der die Botschaft in Sprache, Bildern oder Metaphern verschlüsselt wird, liegt im Sponsoring die Botschaft im Wesentlichen in der Assoziation der werbenden Marke mit dem gesponserten Event oder dem Verein, dem so genannten *Sponsoringobjekt*. Das Sponsoringobjekt bildet selbst wiederum eine Marke, die Sportmarke. Die Verbindung aus Konsummarke (z. B. Coca-Cola) und Sportmarke (z. B. der FIFA Fußball-Weltmeisterschaft) ist die zentrale Botschaft im Sponsoring. Darauf aufbauend entfaltet sich die Wirksamkeit eines Sportsponsorings. Damit es aber dazu kommt, müssen bestimmte Bedingungen erfüllt sein. Die Botschaft muss erst einmal gesendet werden, d. h. die Berichterstattung des Sportevents muss den Konsumenten erreichen und die Markenbotschaft muss sichtbar sein. Der Konsument muss der Botschaft Aufmerksamkeit schenken, er muss sie wahrnehmen und adäquat entschlüsseln. Erst dann kann sie ihre Wirkung entfalten. Wie das geschieht, wird auf den nächsten Seiten näher erläutert. Dabei beschäftigen wir uns eingehend mit den Grundlagen der Wirksamkeit von Sportsponsoring in den Köpfen, oder besser den Gehirnen, der Konsumenten.

**Erkenntnisse aus der Psychologie und den Neurowissenschaften**

Sowohl die Psychologie als jüngst auch die Neurowissenschaften haben wertvolle Erkenntnisse zusammengetragen, die uns ein tieferes Verständnis für die besondere Wirksamkeit des Kommunikationsmittels Sportsponsoring geben.

Einleitung

Die Psychologie, weil sie die Wirkung von Sportsponsoring auf das Erleben und Verhalten der Konsumenten analysiert, und die Neurowissenschaften, weil sie die Vorgänge im Gehirn der Konsumenten sichtbar machen, wenn sie mit werblichen Botschaften konfrontiert werden.

Gerade die Erkenntnisse in den Neurowissenschaften haben in den letzten drei Jahren zu heftigen Diskussionen in der Sponsoringbranche geführt. Unter dem Schlagwort „Neuromarketing" war von der Revolution im Sportsponsoring die Rede, dem Anbruch einer völlig neuen Ära in der Art und Weise, wie Sponsoring strategisch eingesetzt und operativ umgesetzt werden kann. Auch in der Analyse der Wirksamkeit von Sportsponsoring sollte alles anders werden. Klassische Marktforschung war gestern, der neurowissenschaftlichen Forschung sollte die Zukunft gehören. Dies ließ aufhorchen. Die Fachzeitschrift „Sponsors" rief in ihrem November-Heft 2010 gar die neuronale Wende aus.

> **INFO-BOX    Was ist Neuromarketing?**
>
> Der Begriff Neuromarketing bezeichnet den Einsatz neurowissenschaftlicher Methoden und Erkenntnisse zur Beantwortung ökonomischer Fragestellungen. Im Vordergrund steht dabei die Erforschung der mentalen Aktivitäten bei Konsumenten in Entscheidungssituationen (im wesentlichen Kaufentscheidungen, der so genannten Neuroökonomie) und bei der Wahrnehmung von Werbung und anderer Marketingmaßnahmen sowie deren mentaler Verarbeitung (dem eigentlichen Neuromarketing). Gerade in den letzten Jahren haben die Neurowissenschaften zahlreiche Erkenntnisse zutage gefördert, die das Verständnis der Wirkungsweise von Werbung und Kommunikation beim Konsumenten fördern. Das Neuromarketing arbeitet mit bildgebenden Verfahren, die mentale Prozesse im Gehirn der Konsumenten sichtbar machen. Zum Einsatz kommen so genannte Hirnscanner oder exakter ausgedrückt „functional Magnet Resonance Imaging (fMRI)". Auch die Magnetresonanzenzephalographie (MEG) oder das EEG zur Messung der Hirnströme in den kortikalen Regionen des Gehirns werden eingesetzt. Bisweilen unterscheidet man eine enge Definition des Neuromarketings — den Einsatz der genannten Verfahren zur Marketingforschung — sowie eine weitere Definition, nämlich der Anwendung neurowissenschaftlicher Erkenntnisse auf Fragestellungen des Marketings.

Einleitung

Was ist aber dran an den bahnbrechenden Erkenntnissen des Neuromarketings zum Sportsponsoring? Nach einer ersten Anfangseuphorie scheint weitestgehend Ernüchterung einzukehren. Wortgewaltig angekündigte Neurostudien lassen auf sich warten, auch die bahnbrechenden Erkenntnisse aus dem Neuromarketing zum Sportsponsoring blieben bisher aus. Also doch viel Lärm um nichts? Oder „alter Wein in neuen Schläuchen"?

Wir werden auf den folgenden Seiten sehen, welchen Beitrag die neurowissenschaftliche Forschung leisten kann, um ein tieferes Verständnis über die Wirksamkeit von Sportsponsoring zu erhalten. Zu diesem Zweck sollen zunächst die neurowissenschaftlichen Erkenntnisse zur Wirkung klassischer Werbung näher betrachtet werden, bevor sie auch auf das Kommunikationsmittel Sportsponsoring angewendet werden.

# 1 Werbewirkung aus neuropsychologischer Perspektive

Die Wirkungsweise von Werbung war stets ein besonders schwieriges Feld im Marketing. Henry Ford wird folgendes berühmte Zitat zur Wirkung von Werbung zugeschrieben: „Die Hälfte meines Werbeetats ist für die Katz, ich weiß nur nicht welche!" Auch damals war man sich also offensichtlich bewusst, dass Werbung notwendig, ihre spezifische Wirksamkeit auf den Konsumenten allerdings unklar ist. Grundlegend ist zu fragen, ob Werbung überhaupt irgendetwas beim Konsumenten bewirkt. Und wenn dies der Fall sein sollte, ist es auch die von den Werbestrategen intendierte Wirkung, die sich dort entfaltet? Eine Frage, die damals wie heute schwer zu beantworten ist.

## 1.1 Messansätze in der Werbewirkungsforschung

Grundsätzlich hat sich die Werbeforschung natürlich deutlich entwickelt und auch die technischen Möglichkeiten zur Messung der Exposition der Werbung und deren Reichweiten haben zugenommen. Heute wissen die Werbetreibenden ziemlich genau, wo ihre Werbung, wie lange und mit welchem Inhalt gezeigt worden ist. Sie wissen auch viel über die Quantität der erreichten Zielgruppe, sei es im TV, in Print- oder Onlinemedien. Auch über die Qualität der erreichten Zielgruppe können heutzutage viele konkrete Aussagen gemacht werden. Wer wurde erreicht? Welche demographischen und auch psychographischen Merkmale hat die erreichte Zielgruppe? Sind es potenzielle Konsumenten des Produkts? Aber jener magische Moment, indem der Konsument mit der Werbung in Kontakt kommt, ist nach wie vor so etwas wie ein Mysterium. Was bewirkt dieser Kontakt? Bewirkt er überhaupt etwas? Man sieht, auch klassische Werber hatten und haben es nicht leicht. Und es wird noch schlimmer! Das werbetechnische Schreckgespenst der letzten Jahre ist der *Information Overload* (vgl. Abb. 4).

Abb. 4: Information Overload im Großstadt-Dschungel. Werbliche Botschaften sind allgegenwärtig.

# 1 Messansätze in der Werbewirkungsforschung

Was bedeutet das konkret? Schlichtweg ist es die Feststellung, dass Werbung zunehmend omnipräsent wird. Die Werbeausgaben sind in den letzten Jahrzehnten geradezu explodiert. Auch die Anzahl der Kanäle, über die Werbung vermittelt wird, ist nahezu exponentiell gestiegen. Unzählige TV-Programme und Radiosender, aus denen wir täglich wählen können, zahlreiche Printmedien wie Zeitungen und Zeitschriften buhlen um die Gunst der Leser, ganz zu schweigen von dem Aufkommen des Internets und der mobilen Medien. Sie alle sind zunächst einmal Eines, nämlich Werbeträger. Sie tragen unzählige werbliche Botschaften Tag für Tag zum Konsumenten. Und damit sind sie nicht allein: Plakate, Citylight-Poster, Briefwerbung, Ambient-Marketing und und und. Was soll in diesem Wust von Werbung noch wirklich den Konsumenten erreichen? Was soll noch eine Wirkung entfalten?

## Messung der Reichweite von Sponsoringbotschaften

Gibt es da Parallelen zum Sportsponsoring? Ja, die gibt es eindeutig. Auch im Sportsponsoring haben sich Techniken etabliert, welche die Exposition der über Sponsoring verbreiteten werblichen Botschaften ziemlich genau messbar machen. Auf die Millisekunde genau kann das Signet eines Sponsors im TV-Programm erkannt und gemessen werden. Neben der Länge der Einblendung können auch qualitative Merkmale automatisch registriert werden, wie die Größe des Logos auf dem Bildschirm sowie seine spezifische Position.

Die Exposition von Sponsoren im Print oder im Internet ist ebenso problemlos quantifizierbar. Auch über die Reichweite der Sponsorenbotschaft kann heutzutage viel gesagt werden. Präzise Messungen der Reichweiten sind möglich und ähnlich wie bei klassischer Werbung können Zielgruppenmerkmale der Erreichten bestimmt werden. Aber ebenso wie die Werber steht man auch als Sportsponsor vor jenem magischen Moment des Kontaktes mit dem Konsumenten. Was bewirkt dieser Kontakt? Bewirkt er überhaupt irgendetwas?

## Information Overload im Sportsponsoring

Und wie sieht es mit dem *Information Overload* aus? Gibt es ihn auch im Sportsponsoring? Man ist versucht, dies als rhetorische Frage nur zu belächeln.

Werbewirkung aus neuropsychologischer Perspektive

Schaut man sich diverse Sportveranstaltungen an, so scheint der Begriff *Information Overload* geradezu für das Sponsoring im Sport erfunden worden zu sein. Nicht nur, dass in den letzten Jahren und Jahrzehnten Sportsponsoring unter den Werbetreibenden immer populärer geworden ist. Auch die Anzahl der über Sportsponsoring transportierten werblichen Botschaften hat sich enorm vergrößert. Tausende von Sponsoren sind mittlerweile im Sport aktiv, die Anzahl werbender Marken ist bei manchem Event geradezu ins Groteske angestiegen.

Was die klassische Werbung beschäftigt ist also auch höchst relevant für das Sportsponsoring. Wirkt beides überhaupt noch? Hat es jemals gewirkt? Und WIE wirken Werbung und Sportsponsoring überhaupt auf den Konsumenten?

**Konsumentenansprache in der Werbung**

Die klassische Werbeforschung entwickelte zahlreiche Theorien, welche geeignet waren, die Wirkung von Werbung modellhaft darzustellen. Von besonderer Bedeutung in den meisten dieser Modelle war der Ansatz, dass der Werbung zunächst Aufmerksamkeit geschenkt werden muss, bevor die spezifischen werblichen Inhalte verarbeitet werden und letztlich zu einer Einstellungsänderung beim Konsumenten bezogen auf Produkt und Marke führen. Idealerweise auch zu einer gesteigerten Präferenz der Marke auf Seiten der Konsumenten.

Dabei wurde schnell die sehr eingeschränkte Möglichkeit der Werbung, persuasiv auf den Konsumenten einzuwirken, ihn also mit Sachargumenten zu überzeugen, erkannt. Werbung wird von Konsumenten häufig nicht mental ausreichend elaboriert verarbeitet, um Sachargumente wirken zu lassen. Ganz zu schweigen von der Kürze der Zeit, der Werbung überhaupt Aufmerksamkeit geschenkt wird. Nur wenige Sekunden verbringt der Konsument mit einer Werbemaßnahme, bevor er zappt, blättert, wegschaut oder einfach nicht hinhört. Die Kunst der Werbung wurde daher zum einen darin gesehen, die Aufmerksamkeit auf die Werbung möglichst lang aufrecht zu erhalten (indem eine interessante oder spannende Geschichte erzählt wird oder der Konsument zumindest angenehme und stimulierende Bilder zu sehen bekommt) oder möglichst schnell den Kern der Botschaft zu vermitteln. Sozusagen nicht lange drum herum zu kommunizieren, sondern direkt zum Punkt zu kommen. In diesem Spannungsfeld arbeiteten die Agenturen ihre Konzepte aus.

Messansätze in der Werbewirkungsforschung    1

**Emotionale Konsumentenansprache**

Eine weitere Alternative wurde aus dem Forscherkreis um Kroeber-Riel populär. Dieser Ansatz sah vor, es gar nicht erst mit Sachargumenten zu versuchen, sondern den Konsumenten rein emotional zu überzeugen. Die Markenbotschaft sollte also nicht sachlich-rational sein, sondern eher gefühlvoll. Und wie vermittelt man am besten Emotionen? Über Bilder, die mit entsprechenden Emotionen assoziiert sind. Eine attraktive Frau neben einem VW-Sondermodell sollte nun Argument genug sein, um von den Vorzügen des Pkws zu überzeugen. Vorstellungen dieser Art führten zu einem deutlichen Anstieg bildlicher Konsumentenansprachen in der Werbung.

Der Vorteil eines solchen Ansatzes lag im Wesentlichen in der schnellen Auffassungsmöglichkeit bildlicher Botschaften durch den Rezipienten. Unser Gehirn ist deutlich schneller und intuitiver in der Lage, die Bedeutung von Bildern zu erfassen, als es abstrakte Worte oder Sätze entschlüsseln kann. Wie bereits betont, wird Werbung meist auch nicht lange und involviert genug betrachtet, um komplexere Botschaften zu verstehen. Die Bildsprache stellt da eine durchaus attraktive Alternative dar. Auch wenn die Werbung wenig involviert betrachtet wird, der Rezipient sich eher davon berieseln lässt (was wohl typisch für die Rezeption eines Großteils der Werbung ist), so ist diese Bildsprache vom Konsumenten dennoch verstehbar.

Kritisch betrachtet wurde allerdings, ob die emotionalen Bilder tatsächlich eine geeignete Botschaft über die werbende Marke vermitteln. Dies ist ein besonders bedeutsamer Punkt, weil häufig zwar emotionale Bilder Anwendung fanden, der Bezug zum Produkt sowie der Marke aber fraglich erschien. Das oben genannte Beispiel von der attraktiven Frau und dem VW-Sondermodell fällt sicherlich in diese Kategorie. Was sagt eine attraktive Frau den Konsumenten über ein Auto? Was über die Marke VW? Die Bildsprache für sich genommen bedeutet also noch keine wirkungsvolle Werbung. Was also tun, um den Konsumenten nicht nur zu erreichen, sondern dies auch wirkungsvoll? Und was tun, um trotz *Information Overload* und geringer innerer Beteiligung (Low-Involvement) auf Seiten des Konsumenten Wirkung mit der eigenen Werbung zu erzielen?

Eine Frage, die einige Zeit unbeantwortet blieb, bis aus der Wissenschaft ein interessanter Perspektivwechsel kam. Und zwar aus der Neurowissenschaft.

## 1.2 Aufbau und Funktion des Gehirns

Die Neurowissenschaften beschäftigen sich mit dem komplexesten Organ, das die Evolution je hervorgebracht hat: dem Gehirn. Dabei unterscheidet sich das menschliche Gehirn nicht fundamental von den Gehirnen anderer Lebewesen. Insbesondere mit den Säugetiergehirnen hat unser Gehirn zahlreiche Ähnlichkeiten. Aber auch die Gehirne von Amphibien, Vögeln oder Fischen haben einen typischen Grundaufbau, den so gut wie alle Gehirne teilen. Am Gehirn des Menschen wollen wir den Grundaufbau erläutern. Beginnend mit dem verlängerten Mark (Medulla oblongata), welches direkt am Rückenmark anschließt, folgt das Kleinhirn (Cerebellum), das Mittelhirn (Mesencephalon), das Zwischenhirn (Diencephalon) und das Endhirn (Telencephalon).

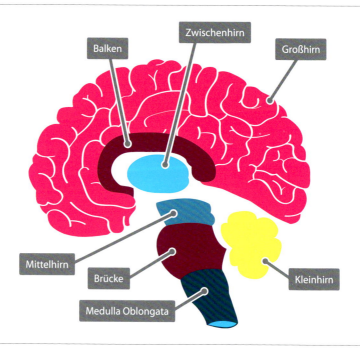

Abb. 5: Grundaufbau des menschlichen Gehirns

# 1 Aufbau und Funktion des Gehirns

Ein menschliches Gehirn wiegt etwa 1,3 kg und besteht aus etwa 100 Milliarden Nervenzellen. Bei uns Menschen ist speziell das Endhirn sehr vergrößert und komplex aufgebaut. Allein die Großhirnrinde beheimatet Milliarden von Nervenzellen, die untereinander Informationen austauschen.

Diese Informationen werden auf elektrochemischem Wege übermittelt. Über Aktionspotenziale werden elektrische Impulse von Nervenzelle zu Nervenzelle übertragen. Dabei ist eine Nervenzelle über Synapsen mit Tausenden anderen Nervenzellen verbunden. Neben den Aktionspotenzialen sind es die Neurotransmitter, die Informationen im Gehirn weitergeben. Sie können eine erregende oder hemmende Wirkung auf die Nervenzellen haben. Ein komplexer Cocktail hirnchemischer Stoffe sorgt für ebenso komplexe Informationsverarbeitungsprozesse im Gehirn. Was ein einzelnes Neuron dabei macht spielt letztlich kaum eine Rolle. Erleben und Verhalten sind die Folge eines komplexen Zusammenspiels von Tausenden oder Millionen Neuronen. Besonders aktiv ist dabei die Großhirnrinde (der Isocortex).

In der Großhirnrinde befinden sich an die 15 Milliarden Neuronen, die so genannten Pyramidenzellen. Allein diese Zellen sind mit etwa 500 Billionen Synapsen miteinander verbunden und bilden ein komplexes Netzwerk aus Nervenbahnen. Dabei führen deutlich weniger Nervenbahnen in die Großhirnrinde hinein und wieder heraus. Das bedeutet, der Cortex beschäftigt sich um ein vielfaches stärker mit sich selbst als mit den ein- und ausgehenden Informationen. Die Forschung geht davon aus, dass dies auch die Grundlage der Entstehung von Bewusstsein ist.

Folgt man den Funktionsweisen des Gehirns vom verlängerten Mark bis zum Endhirn, so findet man zunächst lebenserhaltende und vegetative Funktionen wie den Stoffwechsel und die Regulation des Kreislaufs. Auch die biologischen Grundbedürfnisse – Essen, Schlafen, Sexualität, Angriff oder Flucht – werden in den unteren Schichten des Gehirns gesteuert. Danach kommt der Funktionsbereich der Motorik (z. B. im Cerebellum) und der Emotionen (im limbischen System). Die Wahrnehmung und höhere kognitive Funktionen wie Denken und Schlussfolgern findet man primär im Cortex, aber eben nicht nur dort. Es ist typisch für das Gehirn, dass es in einzelnen Bereichen neuronale Zentren für spezielle Funktionen bereithält, dass aber viele Bereiche des Gehirns letztlich zusammenarbeiten. Ein gutes Beispiel ist das Gedächtnis.

Dieses findet sich speziell in der assoziativen Großhirnrinde, die Organisation des Gedächtnisses liegt aber in einer subcorticalen Hirnstruktur, dem Hippocampus.

**Energieverbrauch im Gehirn**

Letztlich bildet unser Gehirn eine Einheit, um seine Aufgaben zu verrichten. Dies kostet dem Körper viel Energie. Ein Großteil des körperlichen Energieverbrauchs findet im Gehirn statt, insbesondere in den höheren Hirnschichten, dem assoziativen Cortex. Denken verbraucht also viel Energie, Routinehandlungen deutlich weniger, da sie in niedrigeren Strukturen des Gehirns gesteuert werden. Wir werden auf die Bedeutung des Energieverbrauchs im Gehirn später noch eingehen.

**Ortscode im Gehirn**

Ein weiteres eigentümliches Merkmal ist der Ortscode im Gehirn. Wir haben oben gesehen, dass die neuronale Aktivität im Gehirn letztlich unspezifisch ist. Sie findet überall im Gehirn in der gleichen neurochemischen Art und Weise statt. Wie kann es dann aber zu völlig unterschiedlem Erlebensphänomenen kommen? Wieso kann unser Gehirn mit den gleichen elektrochemischen Prozessen visuelle Wahrnehmungen oder eben auch akustische Geräusche erzeugen? Die Erklärung liegt im Ort der Verarbeitung. Dort wird der Inhalt festgelegt. Visuelle Eindrücke entstehen an einem anderen Ort im Gehirn als akustische. Stimuliert man die visuell-sensorischen Areale kann nichts anderes entstehen als visuelle Eindrücke. Es ist naheliegend, dass ein genaueres Verständnis der Abläufe im Gehirn auch marketingrelevantes Wissen über das Erleben und Verhalten in Konsumsituationen und bei werblichen Kontakten fördern kann. Dies ist der Ansatz des Neuromarketings.

## 1.3 Werbewirkung auf Grundlage der Hirnforschung

**These 1: Werbliche Kommunikation wirkt implizit**

2003 erschien das Buch „How Customers Think" von Gerald Zaltman in den USA.[1] Zaltman bot mit diesem Buch einen tiefen Einblick in die Hirnforschung und die Ableitungen der neurowissenschaftlichen Erkenntnisse für das Marketing. In England war es Robert Heath, der mit „The Hidden Power of Advertising" sich speziell mit den neurowissenschaftlichen Erkenntnissen zur Wirkung von Werbung auseinandersetzte.[2] Wenngleich beide Autoren etwas unterschiedliche theoretische Modellvorstellungen zugrunde legten, kamen sie dennoch zu gemeinsamen Grundthesen über die Wirkung von Werbung. Die wichtigste von ihnen: Werbung wirkt im Wesentlichen implizit, d. h. unbewusst und an dem kritisch-rationalen Bewusstsein der Konsumenten vorbei. Was lange Zeit als Schwäche der werblichen Kommunikation angesehen wurde — dem Low Level oder Low-Attention-Processing der werblichen Reize — zeigte sich im Licht der Befunde der Hirnforschung als Stärke. Werbung wirkte also — diese Wirksamkeit war nur den klassisch-befragenden Messansätzen der Werbewirkungsforschung nicht zugänglich.

**These 2: Werbliche Kommunikation muss Marken mit Emotionen aufladen**

Im deutschsprachigen Raum veröffentlichten die Autoren Scheier und Held mit ihrem Buch „Wie Werbung wirkt" eine weitere bedeutende Monographie zu den Ansätzen der neurowissenschaftlich orientierten Werbewirkungsforschung.[3] Neben der Bedeutung der impliziten Wirkung von Werbung betonen die Autoren, dass erfolgreiche Werbung Marken mit Bedeutung aufladen muss, und dies über implizite Codes, die intuitiv — auch ohne Beteiligung des

---

[1] Zaltman, G. (2003). How customers think: essential insights into the mind of the market. Harvard: Harvard Business School Press.
[2] Heath, R. (2001). The hidden power of advertising. London: Admap.
[3] Scheier, C./Held D. (2008). Wie Werbung wirkt: Erkenntnisse des Neuromarketing. Freiburg: Haufe Mediengruppe.

Bewusstseins — erkannt und mit der Marke verbunden werden. Dabei müssen diese Codes an grundlegende Motive und Emotionen der Konsumenten anschließen, um letztlich konsumrelevant zu werden. Damit formulieren die Autoren die zweite bedeutsame These des Neuromarketings, nämlich der Bedeutung der Markenemotionen für die Konsumrelevanz von Marken. Gerade in hoch entwickelten Märkten, in denen die Qualität und Sacheigenschaften von Produkten und Dienstleistungen zunehmend ähnlich werden, bedarf es anderer Wege, Marken im Wettbewerb zu differenzieren. Lange Zeit glaubte man, dass das Markenwissen die entscheidende Grundlage zur Differenzierung von Marken bietet — ein Wissen, welches im Wesentlichen aus kognitiven Assoziationen mit der Marke bestehen sollte. Die Hirnforschung zeigte aber, dass weit bedeutsamer die mit Marken assoziierten Emotionen sind. Die Emotionen geben den Marken erst ihren Wert und ihre Bedeutung für den Konsumenten. Was keine Emotionen weckt ist für den Konsumenten bedeutungslos. Damit befinden sich die Autoren im Einklang mit Häusel — einem weiteren Pionier des Neuromarketings in der deutschsprachigen Literatur.[4] Er betont die Bedeutung der Emotionen für den Konsum von Marken und stellt ein entsprechendes Modell der menschlichen Emotionen vor — die Limbic Map©. Dieses Modell ist der Klassifikation von Scheier und Held sehr ähnlich, die das so genannte Belohnungssystem entwickelt haben.

**Werbliche Kommunikation auf Grundlage der Hirnforschung**

Es sind also im Wesentlichen zwei Postulate, die die Hirnforschung zur Wirkung werblicher Kommunikation macht:

- Werbliche Kommunikation wirkt im Wesentlichen implizit, d. h. am kritisch-reflektierten Bewusstsein der Konsumenten vorbei. Die Wirkung von Werbung lässt sich demnach auch eher implizit messen als mit den expliziten Methoden der Umfrageforschung.
- Werbliche Kommunikation muss Marken mit Emotionen aufladen, die sie vom Wettbewerb differenzieren und ihnen Bedeutung geben. Diese Emotionen sollten Anschluss an konsumrelevante menschliche Motive haben.

---

[4] Häusel, H. G. (2010). Brain View: Warum Kunden kaufen. Freiburg: Haufe Mediengruppe.

# Werbewirkung auf Grundlage der Hirnforschung

## Bedeutung der neuropsychologischen Erkenntnisse für das Sportsponsoring

Die Erkenntnisse der Hirnforschung veränderten nicht nur die gängigen Verfahren der Werbewirkungsforschung, auch für die Strategie von Werbekampagnen sowie deren praktische Umsetzung leiteten sich zahlreiche Optimierungsmöglichkeiten ab. Trägt die Hirnforschung allerdings auch zu einem besseren Verständnis der Wirkung von Sportsponsoring bei?

Geht man davon aus, dass Werbung eher implizit als explizit wirkt, und unterstellt man ein *Low-Involvement* der Konsumenten gegenüber der Werbung, so sollte die erste Frage sein, ob dies auch auf das Sportsponsoring zutrifft. Die naheliegende Antwort ist: ja. Letztlich schauen die Menschen Sport nicht der begleitenden Werbung wegen. Sie interessieren sich nur für das Event an sich. Das Sponsoring ist nur Beiwerk, meist auch nur peripher platziert wie etwa auf Werbebanden oder den Kleidungsstücken der Sportler. Kann man dem Sport gegenüber ein *High-Involvement* der Rezipienten voraussetzen, ist die Annahme eines *Low-Involvement* der Konsumenten gegenüber den werblichen Botschaften wohl schon geschmeichelt. Einige Autoren der Literatur rund um das Neuromarketing bezeichnen Sportsponsoring daher auch als eine typische implizite Werbemaßnahme. Dies auch aufgrund der Limitierung der werblichen Botschaft — meist wird ausschließlich die Marke an sich beworben.

Wie sieht es mit der zweiten These aus? Der Bedeutung der Emotionen für die werbliche Kommunikation. Auch hier ist die Antwort eindeutig. Glauben die meisten Sponsoren doch, mit ihrem Engagement die beworbenen Marken im Sportkontext mit Emotionen aufladen zu können. Dies erscheint auch folgerichtig, gibt es doch Weniges, was Menschen so stark emotional erreicht wie der Sport.

## Sportsponsoring aus neuropsychologischer Sicht

Es scheint also lohnenswert zu sein, sich dem Kommunikationsmittel Sportsponsoring auch aus einer neuropsychologischen Sicht zuzuwenden. Auf den folgenden Seiten wird die Wirkungsweise von Sportsponsoring aus genau dieser Perspektive analysiert. Dabei werden die Modellvorstellungen und die Erkenntnisse der Neuropsychologie auf die werbliche Situation im Sportsponsoring angewendet. Es werden auch einige neuere experimentelle Befunde referiert, die mehr Licht in die spezielle Wirkungsweise von Sportsponsoring auf die werbenden Marken geben. Bevor dies allerdings geschieht, stellt das nächste Kapitel noch einmal das Instrument Sportsponsoring etwas näher vor und erläutert, warum Sportsponsoring in recht vielseitiger Ausprägung vorkommt. DAS Sportsponsoring gibt es nämlich nicht.

# 2 Sportsponsoring – ein vielfältiges Kommunikationsinstrument

In diesem einführenden Kapitel lernen Sie das Instrument Sportsponsoring näher kennen. Nach Überlegungen zum Begriff Sportsponsoring (Kapitel 2.1) werden typische Werbemöglichkeiten vorgestellt (Kapitel 2.2). Abschließend erhalten Sie eine Kurzübersicht zu einigen Grundbegriffen, die in den folgenden Kapiteln häufig vorkommen (Kapitel 2.3).

## 2.1 Zum Begriff „Sportsponsoring"

Was ist eigentlich Sportsponsoring? In der Literatur findet sich eine Vielzahl von Definitionen des Begriffs „Sportsponsoring". Bei aller Vielseitigkeit setzt sich aber zunehmend eine recht einheitliche Begriffsbestimmung durch. Dabei wird Sportsponsoring als kommunikatives Instrument verstanden, welches Sportereignisse nutzt, um Werbebotschaften zum Rezipienten zu transportieren. Dieser Transport zielt dabei sowohl auf die Besucher des Sportevents vor Ort ab als auch auf die über die Massenmedien erreichbaren Rezipienten. Da Sport gerade in Deutschland auf ein sehr hohes öffentliches Interesse stößt, wird durch das Sportsponsoring meist eine beachtlich breite Gruppe an Konsumenten erreicht. Der primäre Zweck des Sportsponsorings liegt dabei in seiner werblichen Funktion. Das Sponsoring als Mäzenatentum bildet eher ein Relikt der Vergangenheit. Auch die Bevölkerung sieht in Sportsponsoring primär Werbung und weniger Förderung, was Umfragen immer wieder eindrucksvoll zeigen.

**Sportwerbung**

In der deutschsprachigen Literatur hat sich auch der Begriff der Sportwerbung etabliert. Dabei wird Sportwerbung unterschiedlich weit definiert. In einer recht engen Betrachtung ist Sportwerbung jene Werbung, die im Rahmen des Sportereignisses platziert ist. In einer weiteren Betrachtung umfasst der Begriff der Sportwerbung auch klassische Werbeformen, die sich des Themas Sport bedienen. Als Sportsponsoring versteht man in der Regel die engere Definition der Sportwerbung, nämlich jene Werbung, die im Umfeld des Sportereignisses platziert ist.

## 2.2 Werbemöglichkeiten im Sportsponsoring

Es gibt grundsätzlich zwei Möglichkeiten für Marken und Unternehmen, werblich im Sport präsent zu sein. Zum einen durch die Platzierung der werblichen Botschaft auf den Sportlern oder den Sportgeräten selbst, zum ande-

# 2 Werbemöglichkeiten im Sportsponsoring

ren durch das Aufstellen spezieller Werbemittel im Umfeld des Sportevents. Am Beispiel des Fußballs ist dies leicht zu erläutern. Ein Sportsponsoring ersterer Art platziert das werbliche Logo auf dem Trikot der Spieler, die zweite Möglichkeit werblicher Präsens könnte zum Beispiel darin bestehen, die um das Spielfeld aufgestellten Banden als Werbefläche zu nutzen.

## Werbepräsenz auf Sportlern oder Sportgeräten

Die Werbung auf den Sportlern oder den Sportgeräten ist eine recht klassische Form des Sportsponsorings. In den ersten Jahren dieser Werbeform gab es tatsächlich nichts anderes. Eine werbliche Präsenz ist dabei auf den Trikots der Sportler möglich, den Skiern der Skispringer, den Rennwagen der Motorsportler oder den Gewehren der Biathleten. Boxern werden Werbeaufschriften auf die Hosen genäht oder auch auf deren Rücken gemalt. Der Kreativität der Sponsoringagenturen ist dabei kaum eine Grenze gesetzt — abgesehen von der Grenze, die die endliche Oberfläche der Sportler und ihrer Sportgeräte darstellen, und den Regularien der Verbände. Die Abbildung unten gibt einen Einblick in typische Werbepräsenzen auf Sportlern und Sportgeräten.

Abb. 6: Werbebotschaften auf der Bekleidung von Sportlern

Abb. 7: Werbebotschaften auf den Sportgeräten

Dabei ist die zu belegende Fläche häufig für die werbenden Marken begrenzt. Meist bleibt nur ausreichend Platz, um das Markenlogo oder den zu bewerbenden Markennamen zu platzieren. Autos im Motorsport werden bisweilen auch mit den Farben des werbenden Unternehmens „gebrandet". Logos und Key-Visuals einer Marke können meist gut platziert werden, längere Markennamen haben häufig das Problem, dass sie nicht auf die Werbeflächen passen oder so klein gemacht werden müssen, dass eine Lesbarkeit stark erschwert ist. Es ist nahezu unmöglich, längere Werbeaussagen auf Sportlern oder Sportgeräten zu platzieren.

Auch auffällig bei dem „Branding" der Sportler und Sportgeräte ist der Umstand, dass meist zahlreiche werbende Marken dicht beieinander platziert werden. Für den Gesponserten eine gute Sache, so kann er doch gleich mehrfach Geld für seine sportliche Werbefläche kassieren. Für die Sponsoren ist dies aber eher von Nachteil, da selten nur die eigene werbliche Botschaft zu sehen ist. Man ist meist nur ein Werbender unter vielen, was, wie wir später noch sehen werden, die Wirksamkeit deutlich einschränken kann.

Von großem Vorteil ist das Werben auf den Sportlern und Sportgeräten allerdings durch die große Nähe der Werbebotschaft zum Objekt des Interesses. Es sind ja die Sportler oder die Boliden beim Autorennen, auf denen sich die Aufmerksamkeit der Zuschauer fokussiert. Werbung, die nah dran ist, wird

# 2 Werbemöglichkeiten im Sportsponsoring

also eher Aufmerksamkeit geschenkt und stärker auch mit dem Sport assoziiert. Sie ist als Sponsoringmaßnahme deutlich glaubwürdiger als die Nutzung von Werbeflächen, die peripher im Umfeld platziert sind.

**Werbepräsenz im Umfeld des Sportevents**

Diese zweite grundlegende Form des Sponsorings ist am stärksten durch die Bandenwerbung im Fußball bekannt. Die Werbebanden in dieser Sportart sind geradezu der Prototyp sportbegleitender Werbung. Aber auch Plakate, Aufsteller, Inflatables (aufblasbare Werbefiguren oder Produktabbildungen), Werbeteppiche oder Flaggen zählen zu den typischen Werbemitteln, die im Umfeld eines Sportevents aufgestellt sind und Werbebotschaften transportieren. Anders als die Werbeflächen auf den Sportlern bzw. Sportgeräten ist auf Banden deutlich mehr Platz, um über ein Logo oder über einen Markennamen hinausgehende Werbebotschaften zu zeigen. Claims, kurze Schriftzüge, Bilder oder Produktabbildungen sind ebenso umsetzbar. Gerade die digitale oder virtuelle Werbung im Sport ermöglicht es auch zunehmend, bewegte Bilder einzusetzen.

Abb. 8: Digitale Bandenwerbung im Fußball

Fraglich ist dabei allerdings, ob solch komplexe Werbebotschaften auch vom Rezipienten wahrgenommen werden. Anders als beim TV-Spot werden Werbebanden im Sport nur peripher und beiläufig betrachtet, wenn überhaupt. Reicht das aus, um textliche Werbeaussagen zu verstehen und zu speichern? Kapitel 3 über die Wahrnehmung der Sponsoringbotschaft wird darauf Antworten geben.

**Bedeutung der Kameraführung**

Von besonderer Relevanz für die massenmediale Verbreitung der werblichen Botschaft der Sponsoren durch peripher aufgestellte Werbemittel ist letztlich die Kameraführung. Nicht alle Banden, Flaggen oder Aufsteller im Sport werden auch von der Kamera eingefangen. Eine umfassende medienanalytische Auswertung ist daher besonders wichtig, um beurteilen zu können, welche Sponsoringmittel auch den Sprung in die Medien schaffen. Darüber hinaus ist zu bedenken, dass Banden nicht immer vollständig in den Medien zu sehen sind. Oft sind nur Teile davon sichtbar, dies insbesondere bei Nahaufnahmen. Die werbliche Gestaltung sollte idealerweise so sein, dass selbst dann die komplette Werbebotschaft sichtbar ist. Kleinere durchgängige Markenabbildungen auf der Oberseite von Banden, so genannte Bordüren, können dies leisten.

**Namenssponsoring**

Von zunehmender Bedeutung erweist sich das so genannte Namenssponsoring. Dabei wird der Name des Sponsors in dem Namen eines Sportvereins oder einer Sportstätte integriert. Speziell die Vergabe von Namen der Stadien und Arenen an kommerzielle Werbepartner erfreut sich derzeit einer großen Beliebtheit. So erwarten die Sponsoren doch eine besonders enge Assoziation mit dem Event oder dem Verein sowie eine herausgehobene Stellung im Vergleich zu den anderen Sponsoren. Funktionieren wird dies aber nur, wenn von den Medien der Sponsorenname tatsächlich übernommen wird. Es kommt aber immer noch vor, dass Redakteure sich weigern, den kommerziellen Namen in der Sportberichterstattung zu verwenden. Stattdessen werden häufig die traditionellen Namen vor der Namenskommerzialisierung

# Werbemöglichkeiten im Sportsponsoring 2

verwendet. Für die Sponsoren ein herber Verlust, geht doch der eigentliche Wirkungstreiber ihres Engagements verloren.

**Programmsponsoring**

Eine besondere Form des Sponsorings ist das Programmsponsoring. Hier wird eine Sportübertragung direkt in den Medien, meist im TV, von einer oder mehreren werbenden Marken unterstützt und mit einem Werbetrailer angekündigt. „Diese Sendung wird Ihnen präsentiert von …" ist ein klassischer Opener eines Programmsponsors. In der Regel werden diese Trailer zum Beginn und zum Ende der Sportübertragung gezeigt, bisweilen auch während der Werbepausen. Besonders positiv hervorzuheben ist dabei die Nähe der Werbebotschaft zum Sportevent. Aufgrund dieser Nähe profitieren die Werber nicht nur durch den werblichen Primacy- und Recency-Effekt, sondern auch von einer sehr engen und glaubwürdigen Assoziation mit dem Sportevent und der Übertragung.

**INFO-BOX   Primacy- und Recency-Effekt**

Der Primacy- und Recency-Effekt bezeichnet ein Gedächtnisphänomen, das einzelne Botschaften, die in einer Reihe von Botschaften vermittelt werden, bevorteilt. Beim Primacy-Effekt ist es die erste Botschaft in der Reihe, die besser gespeichert und erinnert wird, als alle folgenden Botschaften. Beim Recency-Effekt ist es die letzte Botschaft der Reihe. Diese zwei Effekte gehören zu den stabilsten Gedächtniseffekten, die bekannt sind. Die Gedächtnisforscher Atkinson und Shiffrin haben zahlreiche Studien zu diesen Phänomenen durchgeführt. Auch im Marketing und in der Werbung werden diese grundlegenden Effekte häufig genutzt. So bemühen sich klassische Werber darum, zu Beginn oder am Ende einer Werbeinsel platziert zu werden. In einem Verkaufsgespräch werden die zentralen Argumente an den Anfang oder das Ende des Gesprächs gesetzt. Wie kommt es aber zu diesen Effekten? Beim Primacy-Effekt geht man davon aus, dass die Gedächtnisspeicherung der ersten Botschaft deshalb bevorteilt wird, weil noch keine Informationen eingegangen sind, die mit dem Konsolidierungsprozess im Gedächtnis interferieren. Des Weiteren wird der ersten Botschaft subjektiv mehr Gewicht gegeben, sie strahlt sozusagen auf die folgenden Botschaften ab und beeinflusst diese. Gerade bei der Modifikation von Einstellungen ist der Primacy-Effekt daher sehr bedeutsam. Andere Erklärungsansätze heben den Aufmerksamkeitsverlust hervor, der z. B. bei der Rezeption einer Werbeinsel eintritt. Wird dem ersten Spot noch relativ viel Aufmerksamkeit geschenkt, so flacht die Aufmerksamkeitskurve in der Folge deutlich ab. Der Recency-Effekt beruht letztlich darauf, dass die letzte Botschaft länger im Kurzzeitgedächtnis verfügbar ist, ohne von folgenden im gleichen Kontext wahrgenommenen Informationen gestört zu werden. Die längere Persistenz im Kurzzeitgedächtnis begünstigt dabei die Speicherung. Es ist durchaus umstritten in welcher Situation der Primacy- und in welcher der Recency-Effekt dominant ist. Häufig ist aber nur einer der beiden Effekte wirksam.

**Sportsponsoring im Rahmen klassischer Werbung**

Im weitesten Sinne bezeichnet man als Sponsoring aber auch die werbliche Verwendung vom Sport oder seiner Protagonisten im Rahmen klassischer Werbung. So ist zu Zeiten eines sportlichen Großevents wie der FIFA Weltmeisterschaft oder der Europameisterschaft keine Werbeinsel im TV ohne entsprechende Werbespots denkbar, die das Thema Fußball aufgreifen. Da springen die Bälle, jubeln die Fans und geben sich die Promis unter den Fußballern geradezu die Klinke in die Hand. Marken können sich damit eng an das sportliche Großereignis binden. Auch den Werbern, die nicht offizielle Sponsoren sind, eröffnet sich so die Möglichkeit, werbliche Assoziationen aufzubauen. Dies bezeichnet man auch als Ambush-Marketing, sozusagen Marketing aus dem Hinterhalt.

**INFO-BOX   Ambush-Marketing**

Unter Ambush-Marketing (auch Parasite Marketing oder Schmarotzermarketing) versteht man abwertend Marketingaktivitäten, die darauf abzielen, die mediale Aufmerksamkeit eines Großereignisses auszunutzen, ohne selbst Sponsor der Veranstaltung zu sein.[1]

---

[1] Siehe Wikipedia, Eintrag „Ambush-Marketing".

Es gibt zahlreiche weitere Möglichkeiten für Sponsoren, sich werblich im Umfeld des Sports zu zeigen. In den letzten Jahren stieg auch die Bedeutung von Sportwerbung in Computerspielen. Aufgrund der mittlerweile großen Reichweite von Computerspielen, ihrer häufigen Mehrfachnutzung und der großen Akzeptanz üblicher Sponsorenwerbung in Sportspielen entwickelt sich hier ein attraktiver Werbeträger. Ähnlich bedeutsam ist auch das Sponsoring auf Websites der Sportevents und Vereine sowie in den sozialen Medien (z. B. Facebook). Neben der reinen werblichen Präsenz der Sponsoren eröffnen diese Werbeformen auch die Möglichkeit der Interaktion mit den Fans.

Das Sponsoring einer Marke bedient sich meist mehrerer der genannten Werbemöglichkeiten im Sport. Die Vermarkter und Agenturen entwickeln entsprechend vernetzte Angebote, um die Wirksamkeit für die Sponsoren zu sichern. Auch die Nutzung der Werbeformen im Sport ist höchst heterogen. Vom einfachen „Branding" der Werbemittel mit der werbenden Marke bis hin zum Vermitteln komplexer Werbebotschaften ist vieles im Sport anzutreffen. Doch was macht dabei wirklich Sinn? Was wirkt? Und was wirkt nicht?

## 2.3 Grundbegriffe im Sportsponsoring

Bevor wir uns diesen zentralen Fragestellungen zuwenden, sollen noch einige wesentliche Begriffe, die immer wieder in diesem Buch vorkommen, näher erläutert werden.

**Was ist das Sponsoringobjekt?**

Als Sponsoringobjekt wird das bezeichnet, was der Sponsor unterstützt und als Transportmittel seiner Werbebotschaft nutzt. Dies kann ein Verein, ein spezielles Sportevent oder ein Sportler sein. Das Sponsoringobjekt ist psychologisch gesehen auch eine eigene Marke für sich, welche bei den Bezugsgruppen entsprechende Assoziationen auslöst, mit denen sich die werbende Marke durch das Sponsoring verbindet. Das Sponsoringobjekt wird im Folgenden daher auch häufig als Sportmarke bezeichnet.

## Was ist die Sponsoringbotschaft?

Die Sponsoringbotschaft ist die werbliche Botschaft, die der Sponsor im Rahmen seines Sponsorings an seine Zielgruppe transportieren will. Dies kann zum einen ausschließlich die Marke sein, wie etwa der Markenname, der Schriftzug oder das Logo. Oder aber auch eine komplexere werbliche Botschaft (wie z. B. „Der neue Vectra. Jetzt bei Ihrem Fachhändler probefahren.") oder spezielle Produkte (wie PS3 von PlayStation in der UEFA Champions League).

## Was ist das Sponsoringmittel?

Das Sponsoringmittel ist das im Sport verwendete Werbemittel zum Transport der Werbebotschaft. Dies kann eine Bande, das Sportgerät oder der Anzug des Sportlers sein. Das Sponsoringmittel selbst trägt meist bestimmte Eigenschaften in sich, die die Wirkung oder die Begrenztheit der werblichen Wirkung determinieren.

# Wie Sponsoring wirkt

Die folgenden drei Kapitel bilden den Hauptteil des Buches. Sie gehen der Frage nach, wie eine Sponsoringbotschaft ihre Wirkung entfalten kann. Damit eine Sponsoringbotschaft wirkt, muss sie drei wesentliche Phasen durchlaufen. Zum einen muss die Botschaft — mediale Exposition vorausgesetzt — zunächst vom Konsumenten wahrgenommen werden (Kapitel 3). Dominant ist dabei die visuelle Wahrnehmung. Wie Menschen wahrnehmen und was das für die Wahrnehmung einer Sponsoringbotschaft bedeutet, wird ebenfalls in Kapitel 3 behandelt. Wahrnehmung alleine hilft aber nichts, wenn das Wahrgenommene nicht im Gedächtnis gespeichert wird. Wie Menschen Informationen speichern, wie die Speicherung von Informationen gefördert werden kann und wie Sportsponsoren von diesem Wissen profitieren können, ist Gegenstand von Kapitel 4. Was das Sponsoring schließlich für einen Einfluss auf das Image und die Präferenz der werbenden Marke hat, ist Inhalt von Kapitel 5. Dabei wird zunächst auf den Effekt der einfachen Exposition eingegangen sowie im Anschluss die Wirkungsweisen der Markenemotionalisierung und des Imagetransfers näher beleuchtet. Auch die Bedeutung des Sportsponsorings für den Abverkauf von Marken wird betrachtet.

# 3 Die erste Wirkungsstufe: Wahrnehmung der Sponsoringbotschaft

Die Wirkung von Sportsponsoring beginnt mit der Wahrnehmung der Sponsoringbotschaft vor Ort an der Rennstrecke, im Stadion oder an der Leupe. Natürlich ist der Wirkungsgrad auf die Zuschauer des Events quantitativ beschränkt — die Zuschauerzahlen vor Ort sind häufig nicht ausreichend für das Ziel der Sponsoren, breite Bevölkerungsschichten zu erreichen. Mehr noch lebt Sponsoring daher von der Verbreitung der werblichen Botschaft über die Massenmedien, speziell das TV, Zeitungen und Zeitschriften oder dem Internet. Das Radio spielt dabei eine untergeordnete Rolle, da die Visualisierung fehlt und so nur akustische Botschaften durch so genannte Presentings oder Namenssponsorings transportiert werden können. Die Darstellung der Sponsoringbotschaft wird dabei als Exposition bezeichnet.

Die erste Wirkungsstufe: Wahrnehmung der Sponsoringbotschaft

## 3.1 Wahrnehmung der Sponsoringbotschaft durch den Konsumenten

Die Exposition von Werbebotschaften im Sport lassen sich mit Hilfe der Medienanalyse quantitativ wie qualitativ messen. Zu diesem Zweck werden die Werbeträger — Sportübertragungen im TV, Sportberichte in den Zeitungen oder Magazinen oder Bildmaterial im Internet — aufgezeichnet und auf die Präsenz von Sponsoren hin analysiert.

Die Exposition alleine ist allerdings noch nicht ausreichend für eine Wirkung der Botschaft auf die Rezipienten. Diese Botschaft muss zunächst wahrgenommen werden, d. h. ein oder mehrere Sinnesorgane stimulieren und über die Rezeptoren an die sensorischen neuronalen Strukturen im Gehirn weitergeleitet werden. Der erste Schritt in der Wirkungskette ist daher die Wahrnehmung der Sponsoringbotschaft durch den Rezipienten. Diese recht trivial wirkende Aussage hört auf trivial zu sein, wenn man sich mit den Bedingungen auseinandersetzt, unter denen die Werbemaßnahmen im Sportsponsoring ihre Wirkung entfalten müssen. Rezipienten oder Besucher von Sportereignissen interessieren sich für den Sport und das Event drum herum. Ihr Interesse an den Werbebotschaften selbst ist minimal bis nicht vorhanden. Grundsätzlich erwarten die wenigsten Konsumenten, bedeutsame Informationen über Werbemaßnahmen in Erfahrung bringen zu können, speziell nicht von Werbebanden, Bannern oder Beschriftungen von Sportwagen. Auch ist die werbliche Botschaft im Sponsoring meist auf den Markennamen, das Markenlogo oder kurze werbliche Aussagen beschränkt. Die im Sponsoring zur Verfügung stehende, meist in der Größe beschränkte Werbefläche und die mangelnden Möglichkeiten, komplexere Zusammenhänge in Form von bewegten Bildern darzustellen, ist letztlich für diese eingeschränkte Werbemöglichkeit verantwortlich. Tatsächlich sind die meisten Sponsoringreize ausschließlich die statische Darstellung von Markenlogos, Key-Visuals oder Markennamen.

**Sponsoren im Wahrnehmungswettbewerb**

Darüber hinaus sind häufig zeitgleich mehrere Sponsoren im Blickbereich der Rezipienten. Typische Werbemittel im Sponsoring wie Bandenreihen, mit

# 3 Wahrnehmung der Sponsoringbotschaft durch den Konsumenten

Marken versehene Rennwagen oder Spielertrikots (z. B. im Eishockey) führen zwangsläufig zu einer gleichzeitigen Darbietung mehrerer Sponsoringbotschaften, also mehrerer werbender Marken. Damit begeben sich Sponsoren zunächst in einen starken Wahrnehmungswettbewerb mit anderen Werbern, manchmal sogar Werbern aus der eigenen Branche. Auch ist Sport häufig sehr dynamisch und schnell, so dass die Aufmerksamkeit der Rezipienten stark fokussiert und dem Sportgeschehen schnell folgend ist. Periphere Werbereize werden dabei umso schwerer wahrgenommen, sie verwischen geradezu im Wahrnehmungsstrom. Und die Werbebotschaften im Sport sind oft nur peripher platziert.

Es ist also festzustellen, dass Sponsoring für die Wahrnehmung der Sponsoringbotschaft zunächst recht schwierige Bedingungen bereithält.

Wie kann man dennoch sicherstellen, dass die eigene Werbebotschaft den Konsumenten erreicht und nachhaltige Wirkung zeigt? Um diese Frage zu beantworten, bedarf es einer genaueren Kenntnis darüber, wie Menschen Informationen aufnehmen und welche Rolle die fokussierte Aufmerksamkeit dabei spielt. Wir werden uns im Folgenden dabei auf die visuelle Informationsaufnahme beschränken, da diese für die Aufnahme der Sponsoringbotschaft (in den meisten Fällen) wesentlich ist. Ausnahmen bestätigen natürlich die Regel. So bedient sich das Sponsoring von Namensrechten auch akustischer Signale, auch werden Werbebotschaften gerne über einen Stadionsprecher oder einem akustischen Signal vermittelt, wie etwa dem Telekomjingle in der Allianz Arena nach einem Tor des FC Bayern München. Akustische Signale sind aber eher die Ausnahme, die visuelle Vermittlung der Sponsoringbotschaft überwiegt deutlich.

Wie nehmen Menschen nun visuelle Informationen wahr? Bevor wir diese Frage beantworten, widmen wir uns dem Aufbau und der Funktion des menschlichen Auges.

## 3.2 Aufbau und Funktion des menschlichen Auges

Die visuelle Wahrnehmung ist generell von herausragender Bedeutung für uns Menschen. Wir orientieren uns im Wesentlichen über das, was wir sehen, die Wirklichkeit ist uns vor allem visuell präsent. Dabei ist es für unser Gehirn eine komplexe Aufgabe, aus dem Licht, welches unser Auge erreicht, eine erlebbare Wahrnehmung zu machen. Warum ist das so? Zunächst einmal liegt es daran, dass das, was wir sehen, nicht wirklich das ist, was auf unserer Netzhaut abgebildet ist. Lichtstrahlen, die uns erreichen, durchdringen zunächst die Cornea, bevor sie durch die Pupille auf die Netzhaut treffen. Dazwischen liegt die Linse, die das Licht zusammen mit der Hornhaut zum Zentrum des Auges bricht. Dies ist sehr bedeutsam, da nur dort, in der so genannten Fovea Centralis (der Sehgrube) der Netzhaut ausreichend Photorezeptoren vorhanden sind, um ein klares und scharfes Abbild des Gesehenen zu ermöglichen. Die Photorezeptoren wandeln die eingehende Lichtenergie in neuronale Energie um. Die Reizweiterleitung erfolgt über die bipolaren Zellen und die Ganglienzellen zum Nervus Opticus, dem Sehnerv, der die Reize zu dem visuellen Cortex, Teil des okzipitalen Cortex, weiterleitet. Über Projektionen in weitere Cortexareale entsteht die bewusste Wahrnehmung. Das Bild auf der Netzhaut ist dabei nur der Ausgangspunkt komplexer Verarbeitungsschritte. Das Gehirn muss zunächst aus einem zweidimensionalen, farblosen und (durch das Brechen der Lichtstrahlen) umgedrehten Abbild eine farbige, kontrastreiche mit Formen und Bewegungen durchsetzte dreidimensionale visuelle Vorstellung konstruieren. Dies ist im Wesentlichen auf die Reize konzentriert, die in der Fovea Centralis ihre Abbildung finden. Eben nur dort sind die Photorezeptoren ausreichend dicht vorhanden, um genügen Informationen an das Gehirn weiterzuleiten. Je weiter die Lichtreize von der Fovea entfernt sind, umso verschwommener, farbloser und ungenauer wird die Wahrnehmung. Das menschliche Auge wird daher stets dorthin gelenkt, wo die wesentlichen Informationen in der Außenwelt vermutet werden. Dabei reagiert die Augenbewegung durchaus auch auf periphere Reize, das scharfe Sehen und damit Erkennen der Objekte im peripheren Sehfeld ist aber deutlich erschwert.

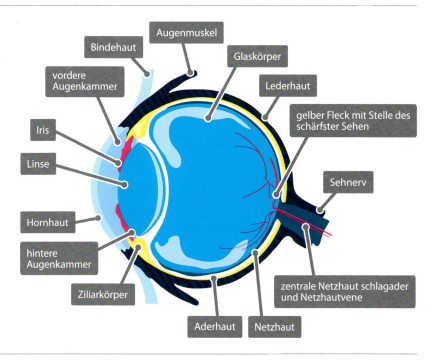

Abb. 9: Aufbau des menschlichen Auges

## 3.3 Die Aufmerksamkeit des Konsumenten gewinnen

Es ist also schon anatomisch bedingt, dass in der fokussierten Aufmerksamkeit der Königsweg zur Wahrnehmung der Sponsoringbotschaft liegt. Des Weiteren führt der Umstand der nur kurzen Aufnahme der werblichen Botschaft dazu, dass nur sehr prägnante Sponsoringbotschaften auch tatsächlich erkannt werden, also die richtigen neuronalen Markennetzwerke in den Gehirnen der Rezipienten stimulieren — denen der werbenden Marke.

Eye-Tracking-Analysen verschiedener Sportevents belegen, dass die Rezipienten den Werbereizen nur wenige Millisekunden Aufmerksamkeit schenken, im Schnitt kann man pro Werbebotschaft lediglich zwei bis drei Fixationen zählen (vgl. auch Kapitel 7.3). Als Fixationen werden Augenanhaltepunkte bezeichnet, die z. B. bei der Betrachtung eines Bildes oder beim Lesen mit Hilfe von Eye-Tracking-Analysen aufgezeichnet werden können.[1]

Dies zeigt auch eine weitere wichtige Eigenheit der Wahrnehmung einer werblichen Botschaft über das Sponsoring. Die Werbemittel im Sport wie etwa Werbebanden, Plakate oder Trikots werden nicht im eigentlichen Sinne gelesen. Sie werden eher kurzfristig betrachtet. Bisweilen „scannen" Rezipienten Werbebanden auch von rechts nach links statt von links nach rechts, wie es einem Blickverlauf beim Lesen entsprechen würde.

Die Informationsaufnahme ist meist passiv, die Verarbeitungstiefe der Sponsoringbotschaft gering. Die Aufnahme neuer oder komplexer Botschaften ist daher im Sponsoringkontext extrem erschwert. Es geht vielmehr darum, die Sponsoringbotschaft wiederzuerkennen, also Bekanntes in einem neuen Kontext wahrzunehmen und daraus bestimmte Schlüsse zu ziehen. Unbekanntes geht meist im dynamischen Wahrnehmungsstrom unter.

### SELBSTEXPERIMENT Bekanntes braucht weniger Aufmerksamkeit

Bekanntes zu erkennen bedarf deutlich weniger Aufmerksamkeit als Unbekanntes. Dies liegt daran, dass nicht sämtliche Eigenschaften des Reizes wahrgenommen werden müssen, um das neuronale Muster des Reizes (z. B. ein Markenlogo) stark genug zu aktivieren. Ein kleines Selbstexperiment verdeutlicht dieses Phänomen. Lesen Sie die folgenden Zeilen bitte möglichst zügig:

*Gmäeß eneir Sutide eneir Uvinisterät ist es nchit witihcg, in wlecehr Rneflogheie die Bstachuebn in eneim Wort snid, das ezniige was wcthiig ist, das der estre und der leztte Bstabchue an der ritihcegn Pstoiin snid. Der Rset knan ein ttoaelr Bsinöldn sein, tedztorm knan man ihn onhe Pemoblre lseen. Das ist so, weil wir nicht jeedn Bstachuebn enzelin leesn, snderon das Wort als gzeans enkreenn.*

Obwohl die Buchstabenreihungen der Wörter durcheinander sind, kann der Sinn jedes Wortes und der des ganzen Satzes durchaus schnell und

---
[1] Vgl. Wikipedia, Eintrag „Fixation (Psychologie)".

intuitiv erfasst werden. Wiederholen Sie dieses kleine Experiment mit der folgenden Zeile:
D1353 M1TT31LUNG Z31GT D1R, ZU W3LCH3N GRO554RT1G3N L315TUNG3N UN53R G3H1RN F43H1G 15T! 4M 4NF4NG W4R E5 51CH3R NOCH 5CHW3R, D45 ZU L353N, 483R M1TTL3W31L3 K4NN5N SIE D45 W4HR5CH31NL1ICH 5CHON G4NZ GUT L353N, OHN3 D455 S1E S1CH W1RKL1CH 4N5TR3NGEN. D45 L315T3T I3R G3H1RN M1T 531N3R 3NORM3N L3RNF43HIGKEIT. 8331NDRUCK3ND, OD3R? Selbst hier lässt sich der Sinn der Wörter relativ problemlos erfassen.

Das Bekannte ist dabei im Wesentlichen die Marke oder das Markenlogo, der Kontext das jeweilige Sportevent. Für die optimale Gestaltung und Positionierung der Werbemittel im Sport heißt dies in der Folge, den visuellen Prozess der Informationsaufnahme beim Wiedererkennen von werblichen Botschaften durch die Rezipienten nach Kräften zu unterstützen. Dies gelingt dann am besten, wenn man die Aufmerksamkeit des Rezipienten für die Werbebotschaft gewinnt. Wie kann man dies aber am besten erreichen? Die Antwort liegt in dem Verständnis für das Phänomen Aufmerksamkeit, wie sie gesteuert wird und warum wir einigen Bereichen unseres Sehfeldes Aufmerksamkeit schenken, anderen aber nicht.

## 3.4 Theorien und Funktionen der Aufmerksamkeit

In jedem Moment wirkt eine extrem große Anzahl an Reizen über die verschiedenen Sinneskanäle auf uns ein. So viele, dass es jeden Organismus schier überfordern würde, alle Reize in gleicher Tiefe zu verarbeiten und *Aufmerksamkeit* zu schenken. Daher hat es sich in der Forschung schon sehr früh durchgesetzt, das Phänomen Aufmerksamkeit als eine Art Filter zu beschreiben. Ein Filter, der dafür verantwortlich ist, von den vielen einströmenden Reizen die für das Individuum relevanten und wichtigen zu selektieren und diese tiefer zu verarbeiten. Selektion und Tiefe der Verarbeitung sind dabei sich bedingende Funktionen der Aufmerksamkeit. Die Selektion führt zu einer tieferen Verarbeitung von Reizen, eine tiefere Reizverarbeitung ist nur für wenige selektierte Informationen möglich. Wir reden also von ein und demselben Phänomen nur aus zwei verschiedenen Perspektiven.

Die erste Wirkungsstufe: Wahrnehmung der Sponsoringbotschaft

**Aufmerksamkeit als Verarbeitungsfilter**

Wie funktioniert nun dieser Filter, der für die Lenkung der Aufmerksamkeit verantwortlich ist? In der frühen psychologischen Forschung ging man davon aus, dass mehrere Filter am Werk sind und es eine Schlüsselfunktion der Aufmerksamkeit ist, in einer gegebenen Situation Relevantes (also biologisch gesehen Überlebenswichtiges) von weniger Relevantem zu trennen. Nach diesem Modell mussten die eingehenden Reize verschiedene Filter passieren, bis sie schließlich in das Bewusstsein vordringen konnten. Broadbent war einer der ersten, der in der Aufmerksamkeit ein Flaschenhalsphänomen sah, bei dem bereits in einer frühen Phase der Verarbeitung der einkommenden Reize auf Basis physischer Charakteristika eine Selektion vorgenommen wird.[2] Die experimentalpsychologische Forschung fand aber zunehmend Evidenz dafür, dass Reize bereits in einer sehr frühen und vorbewussten Phase tiefgehend analysiert werden. So können beim so genannten Blindsehen Menschen, die aufgrund neurologischer Schäden das bewusste Sehen verloren haben (also partiell blind sind) dennoch auf Reize in ihren blinden Sichtfeldern reagieren. Die Reaktionen erscheinen dann als intuitives Verhalten, ohne dass der Grund (der auslösende Reiz) bewusst präsent ist.

**Innerer Wettstreit um Aufmerksamkeit**

Duncan ersetzt das Bild der Aufmerksamkeit als einen komplexen Filterprozess durch ein neuronales Modell, bei dem perzeptive Konstruktionen (unsere Wahrnehmung der Wirklichkeit, die letztlich eine vom Gehirn gesteuerte Konstruktion der Wirklichkeit ist) miteinander im steten Widerstreit um Aufmerksamkeit sind.[3] Dieser Widerstreit wird nicht von den physikalischen Reizen an sich bestimmt, sondern von unseren Interpretationen dieser physikalischen Reize, also von den Verarbeitungsprozessen in unserem Gehirn.

---

[2] Broadbent, Donald (1958). Perception and communication. London.
[3] Duncan, John (1997). Competitive brain activity in visual attention, in: Current Opinion in Neurobiology, Vol. 7.

# 3 Theorien und Funktionen der Aufmerksamkeit

Abb. 10: Nacktes Pärchen oder Delphine? Während Erwachsene spontan das nackte Pärchen sehen, nehmen Kinder ausschließlich die Delphine wahr. Was wir wahrnehmen, hängt letztlich nicht nur vom Stimulus ab, sondern von der Art und Weise, wie unser Gehirn diesen Stimulus interpretiert.

Komplizierte neuronale Prozesse laufen also ab, die entscheiden, welchen Reizen wir Aufmerksamkeit schenken. Diese Prozesse sind vorbewusst. Sie sind dem Bewusstsein nicht zugänglich, aber dennoch in der Lage, komplexe Reizeigenschaften zu analysieren. Erst wenn wir im Anschluss unsere Aufmerksamkeit auf einen Punkt lenken, entsteht Bewusstsein. Diese vorbewussten Prozesse können dabei eingehende Reize sehr tiefgehend verarbeiten, dies bis zum Verständnis der Bedeutung einer Reizkonstellation. Ein Beispiel auf der neuronalen Ebene ist der schnelle Weg der Reizverarbeitung direkt über die Amygdala, einer Formation im limbischen System, die in der Lage ist, auch ohne den Umweg über kortikale Strukturen Verhaltensprogramme auszulösen (z. B. eine Fluchtreaktion bei bedrohlichen Reizen).

Der Ansatz, Aufmerksamkeit als auf neuronaler Ebene widerstreitende Interpretationen der eingehenden Reize anzusehen, bildet eine wichtige Heuristik für das Verständnis der Wahrnehmung von Sponsoringbotschaften im Sport. Bei der Rezipienz von Sport, sei es über die Massenmedien oder vor Ort, findet ein stetiger Wahrnehmungswettbewerb zwischen den werblichen

Botschaften der Sponsoren und allen übrigen präsenten Reizen statt. Dieser Wettbewerb benachteiligt dabei — wie zu Beginn des Kapitels beschrieben — zunächst die Werbebotschaften, da die Zuschauer eher wenig an Werbung, sondern vielmehr an das Sportereignis selber interessiert sind. Erschwerend kommt noch die Konkurrenz der verschiedenen Werbebotschaften der Sponsoren untereinander dazu. Dieser Wettbewerb um Aufmerksamkeit findet Sekunde für Sekunde immer wieder aufs Neue statt. Bestimmt wird er von den exogenen Eigenschaften der Sponsoringbotschaft sowie endogener Faktoren, die in den Rezipienten liegen. Das Ziel dieses Wettbewerbs ist es stets, dass die Rezipienten die Sponsoringbotschaft als so relevant oder dominant erleben, dass sie die Energie investieren, die Information selektiv zu verarbeiten — ihr also Aufmerksamkeit schenken, wenn auch nur kurzfristig.

**Messung der Aufmerksamkeit des Rezipienten**

Es soll an dieser Stelle bereits darauf hingewiesen werden, dass dieser Wahrnehmungswettbewerb nur auf der Ebene der sich von Sekunde zu Sekunde verändernden Aufmerksamkeit der Rezipienten valide messbar und analysierbar ist. In der Sponsoringforschung wird die Analyse des Wahrnehmungswettbewerbs im Sport gerne auf Erinnerungswerte der Rezipienten verschoben. Die Fähigkeit der Rezipienten, sich an Sponsoren erinnern zu können, wird dabei als Messung der Sponsorenwahrnehmung interpretiert. Dies ist aber falsch. Erinnerungen sind, auch wenn sie kurz nach der Rezipienz gemessen werden, stark durch mentale Heuristiken und Fehlassoziationen beeinflusst, sie ermöglichen keine valide Aussage über tatsächliche Wahrnehmungen. Dies ist auch der Grund, warum nach wie vor zahlreiche Menschen in Umfragen behaupten, Opel sei Trikotsponsor des FC Bayern München, obwohl die Marke bereits vor mehr als einer Dekade das Engagement beendet hat und erst kürzlich wieder in das Sportsponsoring bei anderen Vereinen eingestiegen ist. Häufig werden auch Sponsoren erinnert, die bei dem Event gar nicht präsent waren. Warum das so ist, wird im nächsten Kapitel genauer behandelt. Die einzige Möglichkeit, präzise und aussagekräftig zu messen, wie die eigene Sponsoringbotschaft im „Wahrnehmungswettbewerb" bestehen kann, ist die konkrete Messung der Aufmerksamkeit mittels Blickregistrierungsverfahren, dem Eye-Tracking. Dieses Verfahren wird in Kapitel 7.3 über die moderne Sponsoringwirkungsforschung näher vorgestellt.

# 3 Theorien und Funktionen der Aufmerksamkeit

## Unbewusste Steuerung der Aufmerksamkeit

Die Steuerung der Aufmerksamkeit erfolgt im Einklang der neuropsychologischen Befundlage demnach weitestgehend unbewusst, oder besser ausgedrückt: nicht willentlich. Wir steuern unsere Aufmerksamkeit nicht durch ein ständiges Überlegen, wo wir denn im nächsten Moment hinschauen wollen. Das Gegenteil ist eher der Fall, die situativen Reize steuern unsere Aufmerksamkeit, dies aber vor dem Hintergrund dessen, was für uns in dem Moment interessant und relevant ist. Eine externe Steuerfunktion stößt sozusagen auf eine interne Bereitschaft, bestimmten Reizen mehr oder weniger Aufmerksamkeit zu schenken. Eindrucksvoll zeigt sich dies in Experimenten, in denen das Blickverhalten von Menschen in Fußgängerzonen gemessen wird. Hungrige Personen zeigen in ein und derselben Fußgängerzone ein völlig anderes Blickverhalten als satte Probanden. Während Erstere sich insbesondere die Schnellrestaurants und Auslagen der Bäckereien ansehen, schauen Letztere eher in die Schaufenster der Modegeschäfte. Dies ist weniger ein willentlicher Akt als vielmehr die Ausrichtung eines mentalen Automatismus auf die Bedürfnislage der Personen. Übertragen auf den Sponsoringkontext bedeutet dies zunächst, dass die Aufmerksamkeit der Zuschauer zunächst auf die Interessenslage „Sport schauen" hin ausgerichtet ist. Die wenigsten werden das Sportprogramm einschalten, um willentlich fokussiert die Werbung anzusehen, es sei denn, sie sind von einem wissbegierigen Marktforscher dazu instruiert worden.

## Die Aufmerksamkeit des Zuschauers lenken

Von besonderer Bedeutung für die Wirkung des Sponsorings ist es also, die Aufmerksamkeit der Zuschauer vom Spielgeschehen auf die werbliche Botschaft zu lenken. Grundsätzlich stehen dazu zwei Möglichkeiten bereit, zum einen die Werbebotschaft dort zu platzieren, wo die Zuschaueraufmerksamkeit aufgrund des sportlichen Geschehens ruht, so z. B. auf bestimmten Bereichen der genutzten Sportgeräte oder den Sportlern selbst, oder zum anderen die Aufmerksamkeit von dem sportlichen Geschehen auf die Werbung im Umfeld zu lenken.

Die erste Wirkungsstufe: Wahrnehmung der Sponsoringbotschaft

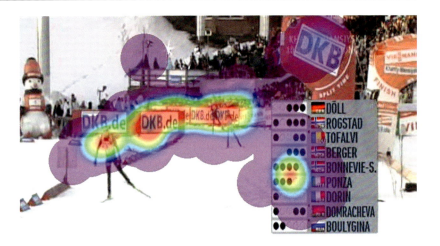

Abb. 11: Die Werbung der DKB ist nahe den Sportlern platziert. Die Aufmerksamkeit der Zuschauer – dargestellt durch die farbigen Flächen der Heat-Map – fällt auf die Werbebotschaft durch die Nähe zum sportlichen Geschehen.

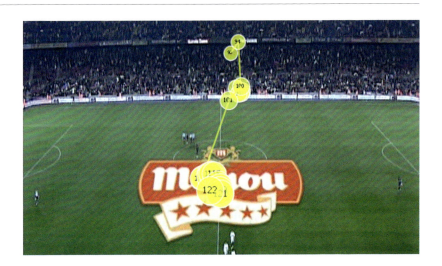

Abb. 12: Durch das animierte Insert lenkt die spanische Biermarke Mahou die Aufmerksamkeit vom Spiel auf die werbliche Botschaft. Die Einzelanalyse des Blickverlaufs eines Zuschauers zeigt diesen Effekt deutlich.

## 3.5 Endogene und exogene Faktoren der Aufmerksamkeitssteuerung

Wie kann man die Aufmerksamkeit der Zuschauer lenken? Wie lässt sich diese Steuerung im Sportkontext umsetzen? Wie wir gesehen haben, wird Aufmerksamkeit durch endogene und exogene Faktoren gesteuert. Es sind sowohl Eigenschaften des Reizes, die die Aufmerksamkeit der Rezipienten gewinnen können, als auch Eigenschaften oder Zustände im Organismus selbst, die den Wahrnehmenden sozusagen prädisponieren, auf bestimmte Reize mit Aufmerksamkeit zu reagieren. So sind es z. B. besonders helle oder grelle Reize, die Aufmerksamkeit wecken. Auf der anderen Seite führt etwa Hunger dazu, dass Menschen besonders sensibel und aufmerksam auf Reize reagieren, die die Befriedigung des Hungerbedürfnisses versprechen. Exogene Faktoren sind sicherlich zunächst von größerer Bedeutung, wenn es darum geht, eine optimale und aufmerksamkeitsstarke Gestaltung der Sponsoringmittel zu erreichen. Endogene Faktoren sollten aber nicht vernachlässigt werden, spielen sie doch bei der Aufmerksamkeitssteuerung eine beachtliche Rolle.

### Exogene Faktoren der Aufmerksamkeitssteuerung

Zu den exogenen Faktoren, die Aufmerksamkeit auf einen Reiz lenken, gehören Prägnanz, Größe, Farbwahl und Bewegung.

### Prägnanz

Zunächst ist es wichtig, sich mit der optimalen Gestaltung der Werbebotschaft zu beschäftigen. Sie muss als klar erkennbare Figur vom Grund des Wahrnehmungsfeldes hervorstechen. Die Werbebotschaft darf also nicht als dem Hintergrund zugehörig interpretiert werden, sondern muss als eine eigene, klar umrissene Gestalt wahrgenommen werden. Dies erzielt man durch Prägnanz, der klaren Abgrenzung gegenüber dem Hintergrund. Eine entsprechende Farbwahl z. B. der Schrift oder des Logos im Vergleich zum Hintergrund ist hier von besonderer Bedeutung. Der humoristisch viel zitierte weiße Adler auf weißem Grund (laut Otto Waalkes die Nationalflagge der Ostfriesen) stellt dabei das extreme Negativbeispiel dar. Je deutlicher der Farbunterschied zwischen Hintergrund und Werbebotschaft, umso stärker die Wahrnehmung von Prägnanz. Eine helle Schrift auf dunklem Hintergrund ist dabei grundsätzlich einer dunklen Schrift auf hellem Hintergrund vorzuziehen, speziell wenn die Schrift nicht schwarz (der dunkelste Farbton) sondern eine entsprechend hellere Schriftfarbe ist. Ein Rahmen um die Schrift erhöht ebenfalls das Erleben von Kontur und Prägnanz. Häufig stehen Praktiker vor dem Problem, dass sie in der Umsetzung der Werbemittel im Sportkontext strenge Corporate-Identity- bzw. Corporate-Design-Regeln einzuhalten haben. Eine strenge Umsetzung der Designvorlage der Marke oder des Logos führt aber nicht immer zu den besten Wahrnehmungseffekten im Sponsoringkontext, eine starke Abweichung davon zu Gunsten des Sponsoringkontextes kann das Wiedererkennen der Marke oder der Werbebotschaft allerdings erschweren. Hier gilt es, die goldene Mitte zu finden.

**Größe**

„Size matters!" Die Größe der Werbemittel ist weiterhin von Bedeutung für die Aufmerksamkeitsstärke einer Werbebotschaft im Sport. Je größer die Werbefläche im Bild ist, umso wahrscheinlicher ist auch die fokussierte Aufmerksamkeit für diese Werbebotschaft. Auch die Lesbarkeit und das Erkennen der Botschaft werden durch Größe erleichtert. Auf einigen Fernsehgeräten (speziell mit kleiner Bilddiagonalen und schlechter Auflösung) sind zu kleine Werbebotschaften nicht mehr erkennbar, speziell wenn es sich nicht um einfache Logos handelt. Die Größe eines Werbemittels ist natürlich relativ. Relativ zum Standort der Zuschauer vor Ort, relativ aber auch zur Kameraeinstellung. Zahlreiche Fußballvereine bemühen sich um möglichst große Werbebanden, so genannte Power Packs oder XXL-Banden. Auch eine möglichst kamerafreundliche Platzierung der Werbemittel wird mittlerweile von professionellen Vermarktern beachtet.

**Farben**

Die Bedeutung der Farbgestaltung der Werbebotschaft ist schon bei der Prägnanz deutlich geworden. Mit geschickten Farbkombinationen können

Kontraste deutlich optimiert werden. Dies gilt sowohl für passende Hintergrundfarben bei gegebenen Logofarben als auch für die Hintergrundfarben für Schriftzüge auf Sponsoringmitteln wie Banden oder Ausrüstungsgegenständen. Dabei sollte der Figur-Grund-Kontrast durch komplementäre Farbwahl unterstützt und visuelle Spannung erzeugt werden. Dies erhöht die Wahrscheinlichkeit, dass die Sponsoringbotschaft Aufmerksamkeit bei den Rezipienten stimulieren kann. Diese Spannung kann verstärkt werden, in dem das dargestellte Logo oder die Schrift durch scharfe Konturen getrennt werden. Die Farbe ist aber nicht nur bedeutsam für Kontrasteffekte. Farben transportieren immer auch implizite Bedeutungen für den Rezipienten. So wird die Farbe rot häufig mit Gefahr assoziiert, aber auch mit Leben (wegen der roten Farbe des Blutes) oder Leidenschaft und Erotik. Rot ist auch eine Signalfarbe, die Bedeutsamkeit symbolisiert. Wird aus dem Augenwinkel ein sattes Rot wahrgenommen, suggeriert dies dem Gehirn, dass dort eine bedeutsame Information zu sehen ist. Blau hingegen wird als ruhig und tiefgründig empfunden (wie das Blau des Wassers). Wie wirkungsvoll diese impliziten Botschaften sind, zeigen zahlreiche Studien. So werden Gegenstände mit hellen Farben häufig als deutlich leichter eingeschätzt als gleichschwere Gegenstände in dunklen Farben. Diese impliziten Bedeutungen der Farben haben zum Teil einen genetischen Ursprung, zum Teil werden sie aufgrund von Lernerfahrungen mit Farben und deren Bedeutungen tradiert. Die emotionale Bedeutung, die mit verschiedenen Farben transportiert wird, sollten also immer bei der Gestaltung der Werbemittel berücksichtigt werden. Typische Bedeutungszuweisungen von Farben sind unten aufgeführt.

| Bedeutungszuweisung von Farben[4] | |
|---|---|
| **Farbe** | **Implizite Bedeutungen** |
| Rot | erregend, herausfordernd, herrisch, voll, mächtig, stark |
| Orange | herzhaft, lebendig, heiter, anregend, freudig |
| Gelb | fröhlich, sehnsüchtig, frei |
| Grün | erfrischend, knospend, jung, gelassen, friedlich |
| Blau | passiv, zurückgezogen, sicher, beruhigend |

---

[4] Behrens, G. (1996). Werbung: Entscheidung – Erklärung – Gestaltung. München: Vahlen.

Neben dem gewählten Farbton, seiner Kontrastwirkung und impliziten Bedeutung sollte auch der Lichteinfluss bei der Werbemittelgestaltung berücksichtigt werden. Da die Werbemittel im Kontext des Sports, und dies z. T. unter freiem Himmel, zum Einsatz kommen, können sehr unterschiedliche Lichtverhältnisse vorliegen. Von einem dunklen Hintergrund und künstlicher Stadionbeleuchtung, starkem Regen, Schneefall bis zu greller Sonneneinstrahlung ist alles im Sport möglich und sollte bedacht werden.

Zusätzlich zum Farbton hat man weitere Gestaltungsmöglichkeiten beim Einsatz von Farben. Zum einen ist es die Sättigung der Farben, zum anderen die Helligkeit. Farben sind dann umso gesättigter, je weniger unbunte Farben (z. B. Schwarz, Weiß oder Grau) beigemischt sind. Gesättigte Farben sind aufmerksamkeitsstärker als ungesättigte. Helligkeit bezeichnet die Intensität der Lichtenergie, die von einer Farbe reflektiert wird. Helle Farben sind aufmerksamkeitsstärker als dunkle Farben. Dies gilt aber nicht immer, sondern ist nicht unwesentlich vom Kontext abhängig.

**Bewegung**

Bewegung im Blickfeld führt häufig zu einer so genannten Orientierungsreaktion, speziell wenn die Bewegung im peripheren Sichtfeld wahrgenommen wird. Dies ist eine Hinwendung der Aufmerksamkeit zu dem sich bewegenden Objekt. Diese Orientierungsreaktion ist biologisch höchst sinnvoll, bewahrte sie doch den Menschen der Frühzeit häufig davor, Opfer wilder Tiere zu werden. Diese Relevanz hat die Orientierungsreaktion in der heutigen Zeit zwar wohl nur noch im Straßenverkehr, dennoch ist sie ständig wirksam. Im Sport gibt es wenige Werbemittel, die für eine bewegte Gestaltung der Werbebotschaft geeignet sind. Aufgrund der technologischen Entwicklung gibt es aber durchaus Möglichkeiten auch bewegte Werbung im Sportkontext zu ermöglichen. Sehr bekannt ist die Möglichkeit digitaler Bandenwerbung. Die deutsche Fußball-Nationalmannschaft spielt seit einigen Jahren vor Digitalbanden, viele Bundesligavereine haben digitale Banden eingeführt. Auch jenseits des Fußballs werden zunehmend Digitalbanden genutzt. Diese ermöglichen zum einen den steten Wechsel der Werber auf den Banden, zum anderen die Animation einer Einspielsequenz der Werbebotschaft oder auch eine komplette Animierung der Werbebotschaft. In ausländischen Stadien können bisweilen kurze Filme (z. B. Kinotrailer) auf Stadionbanden beobachtet werden. Eye-Tracking-Analysen zeigen die größere Aufmerksamkeitsleistungen, die digitale bewegte Banden bewirken. Auch bei den Drehbanden, bei denen statische Werber in bestimmten Zeitintervallen rotierend auf den Banden erscheinen, kann es zu Aufmerksamkeitsreaktionen der Zuschauer beim Wechseln kommen.

**Mit neuartigen Reizen die Aufmerksamkeit des Konsumenten gewinnen**

Ein weiterer Faktor, der die Aufmerksamkeit der Rezipienten auf periphere Werbereize lenken kann, ist die Neuartigkeit oder die so genannte „Impertinenz" eines Reizes. Ist es ein überraschender, unerwarteter Sachverhalt, so wird sehr zuverlässig eine Orientierungsreaktion in Form einer visuellen Hinwendung ausgelöst. Klassische Sponsoringbotschaften wie die Nennung einfacher Markennamen können diesen Effekt allerdings kaum auslösen. Anders als zu Beginn der 70er Jahre ist die Präsenz von Werbern im Umfeld des Sports nichts Neues oder Überraschendes mehr. Auch sind die Gestaltungsmöglichkeiten der Werbemittel im Sport häufig zu limitiert, um wirklich Überraschendes zu produzieren. Ausnahmen bilden einige Werbemittel vor Ort, wie aufblasbare Werbemittel, so genannte Inflatables, die zu überdimensional großen Produkten (z. B. einer Bierflasche oder einer lila Kuh) gestaltet werden können. Ein Heißluftballon über dem Stadion dürfte, zumindest unter den Zuschauern vor Ort, auch seine Aufmerksamkeitswirkung nicht verfehlen. Die Relevanz für die Massenmedien, speziell das TV, ist aber häufig eingeschränkt. Eine Alternative bieten erneut moderne Werbemittel im Sport wie LED-Banden oder Inserts. Das kreative Potential dieser Sponsoringformen ist längst noch nicht ausgeschöpft. Erste Beispiele, die eine Orientierungsreaktion aufgrund von Neuigkeit oder Unerwartetheit provozieren, sind bereits in deutschen Stadien zu sehen gewesen, wie etwa ein Auto, welches auf der LED-Bande simuliert um das Stadion fährt oder eine sich in die Bandenfläche drehende Bierflasche. Besonders stark sollte die Aufmerksamkeit auf das Werbemittel zu lenken sein, wenn Gesichter oder fallende Fußbälle auf den Banden erscheinen. Hier ist aber zu bedenken, dass ein zu starkes Ablenken der Zuschauer vom Sportgeschehen auf die Werbung aus Sicht der Sponsoren zwar gewünscht, von Seiten der Verbände und Veranstalter häufig aber nicht gerne gesehen wird. Hier müssen Kompromisse angestrebt werden, die die Interessen sowohl der Werber als auch der Veranstalter und des Publikums berücksichtigen.

## Implizite Bedeutung der werblichen Gestaltung

Wichtig für die Gestaltung der Werbeflächen ist auch die implizite Bedeutung, die in der Gestaltung selbst liegt. Was ist damit gemeint? Dies kann an dem Beispiel der Darstellung von Bierflaschen auf einer Digitalbande erläutert werden.

> **BEISPIEL** Gestaltung von Bierflaschen auf einer Digitalbande
>
> Eine Bierflasche ist zunächst ein starker visueller Code. Er steht für Genuss und das angenehme Gefühl eines kühlen Bieres stellt sich bei Betrachtung unmittelbar beim Konsumenten ein. Wie bringe ich aber nun die Bierflasche auf die Bande? Für gewöhnlich steht eine Bierflasche senkrecht, die Bande eignet sich aber eher für waagerechte Darstellungen, da dem Werber eine recht breite, aber in der Höhe nur begrenzte Fläche zur Verfügung steht. Eine einleuchtende Idee könnte sein: ich lege die Flasche einfach hin, ich mache sie waagerecht. Eine pragmatische Lösung könnte man meinen. Die Flasche ist auf der Bande gut zu sehen und sicher auch als Bierflasche zu erkennen. Was verbindet der Konsument aber implizit mit einer liegenden Flasche? Eine leere Flasche. Eine Flasche ohne Inhalt. Eine Flasche, mit der etwas nicht stimmt. Oder stimmt gar mit dem Inhalt etwas nicht? Warum steht sie nicht, majestätisch und schön?

In diesem Beispiel tritt die Form der Darstellung eindeutig in Konflikt mit der Markenbotschaft. Wer will sich schon als „Flasche leer" positionieren? Und dabei spielt es keine Rolle, wie toll die Flasche auf der Bande animiert ist oder ob auch das kühle, von der Flasche tropfende Perlwasser zu sehen ist (meist werden diese Details in der Kürze der Betrachtungszeit sowieso nicht erkannt). Der implizite Eindruck ist: hier stimmt etwas nicht.

Besser löst man diese Problematik, indem man das Produkt — hier die Bierflasche — von unten nach oben über die Bande gleiten lässt. In der Wahrnehmung steigt sie auf, was die positive Botschaft, die von dem Produkt ausgeht, verstärkt.

3 Endogene und exogene Faktoren der Aufmerksamkeitssteuerung

Abb. 13: Die Bitburger-Flasche dreht sich über das virtuelle Bandenfeld. Sie ist zwar nie ganz sichtbar, erscheint aber aufrecht.

Auch bei statischen Banden lässt sich solch ein Effekt in abgeschwächter Form erzielen, indem die abgebildete Flasche nicht waagerecht, sondern leicht diagonal aufsteigend abgebildet wird. Der implizite Effekt der liegenden Flasche wird so deutlich gemindert. Grundsätzlich ist beim Einsatz von Produktabbildungen immer zu bedenken, dass auf Banden aufgrund ihrer Größe (im Vergleich zum übrigen Bild eher klein), der peripheren Wahrnehmung und der nur kurzen Verweildauer der Blicke, häufig das Produkt lediglich generisch erkannt wird. Es ist eine Bierflasche — aber welche Marke? Es ist ein Auto — aber welches Fabrikat? Daher sollten Produktabbildungen immer mit Markennamen auf der Bande kombiniert werden oder nur sehr einmalige und stark mit der Marke assoziierte Produktformen gezeigt werden (z. B. die typische Form der Coca-Cola-Flasche oder ein Stück Schokolade mit lila Hintergrund, ein eindeutig mit der Marke Milka assoziierter Farbcode).

Die erste Wirkungsstufe: Wahrnehmung der Sponsoringbotschaft

### Endogene Faktoren der Aufmerksamkeitssteuerung

Endogene Faktoren der Aufmerksamkeitssteuerung können zwar nicht wie exogene Faktoren manipuliert werden, sie können aber auch im Sponsoring genutzt werden, um die Aufmerksamkeit auf die Sponsoringbotschaft zu vergrößern.

### Motive der Rezipienten ansprechen

Speziell Biermarken platzieren auf Banden häufig auch ihr Produkt, ein für durstige Rezipienten starkes Signal, welches die Aufmerksamkeit auf sich zieht. Grundsätzlich sollten Werber, wenn möglich, gerade bildliche Darstellungen nutzen, um Motivlagen der Rezipienten anzusprechen. Motivlagen sind starke Ausrichter der menschlichen Aufmerksamkeit. Wir schauen dahin, wo wir Relevantes vermuten. Relevant ist für uns das, was gerade aktive Motive und Bedürfnisse befriedigen kann. Im Sponsoring wird dieser Mechanismus noch zu wenig genutzt. Gerade die Entwicklung hin zu digitalen Werbemitteln im Sport eröffnet hier aber neue Möglichkeiten.

### Platzierung der Sponsoringbotschaft

Wesentlich für ein aufmerksamkeitsstarkes Sponsoring ist auch die Platzierung der Sponsoringbotschaft. Wie schon erläutert, verfolgen die Zuschauer eines Sportevents im Wesentlichen das sportliche Geschehen. Die Werbung drum herum wird nicht willentlich taxiert oder beobachtet. Eine gute Chance für die Wahrnehmung der Sponsoringbotschaft besteht, wenn sie sich in unmittelbarer Nähe zum sportlichen Geschehen befindet. Dies ist nicht immer steuerbar, es gibt aber Platzierungen, die mit großer Wahrscheinlichkeit im sportlichen Ablauf von besonderer Bedeutung sind oder sein werden. So etwa die Startposition im Skispringen, der Gewehrschaft im Biathlon, das Trikot der Fußballspieler oder die Gegengerade der Banden im Stadion. Eine genaue Analyse der Fernsehaufzeichnung eines Sportevents gibt häufig Aufschluss über Platzierungsmöglichkeiten für Sponsoren, die im Aufmerksamkeitsfokus der Rezipienten liegen.

# 3 Endogene und exogene Faktoren der Aufmerksamkeitssteuerung

Aufmerksamkeit bedeutet immer die Fokussierung auf wenige Reize und die Vernachlässigung aller übrigen Reize. Daher ist es für eine Sponsoringbotschaft von Vorteil, in einem gegebenen Moment die einzige Werbebotschaft zu sein, die gerade sichtbar ist. Denn damit steigt die Wahrscheinlichkeit, dass sich die Aufmerksamkeit der Zuschauer gerade auf diese Werbebotschaft richtet. Platzierungen auf Trikots im Fußball, Digitalbanden mit Einfachbelegung oder das Gesamtbranding eines Sportwagens können zu solch exklusiven Expositionen führen. Auch TV-Presentings ziehen einen Großteil ihrer Wirksamkeit aus der exklusiven Exposition des Werbenden.

**Sichtbarkeit und Unversehrtheit von Werbeflächen**

Zur Optimierung der Wahrnehmungschance einer Sponsoringbotschaft sollte auch auf die Beschaffenheit der Werbefläche geachtet werden, die beschriftet werden soll. Beim „Branding" von Sportlern und Sportausrüstungsgegenständen ist dabei speziell auf die Glätte und auch dauerhafte Unversehrtheit der Werbefläche zu achten. Bisweilen werden Trikots oder andere Kleidungsstücke der Sportler „gebrandet", die dann im sportlichen Eifer dermaßen verformt werden, dass die werbende Marke nicht mehr erkennbar ist. Diesen Effekt hat man auch bei entsprechenden Haltungen der Sportler. Der Skispringer etwa, der auf dem Schanzenbock sitzend auf den Absprung wartet, verdeckt häufig durch seine Haltung den Startnummernsponsor. Auch auf Rennwagen oder Schnellbooten sollte das Branding auf glatten Flächen angebracht werden um die Lesbarkeit zu gewährleisten. Alle Werbeflächen sind generell auf eine potenziell langfristige gute Sichtbarkeit hin kritisch zu überprüfen.

**Wirkungsverluste durch Bilddynamik und den Vampir-Effekt**

Ein weiterer wichtiger Aspekt für die Erhöhung der Aufmerksamkeit auf die Werbebotschaften ist die Dynamik des sportlichen Geschehens. Je weniger Dynamik der Sport zu einem gegebenen Zeitpunkt bietet, umso mehr neigen die Rezipienten dazu, ihren engen fokussierten Blick vom Sportgeschehen abzuziehen und stärker auch die Peripherie zu betrachten. Speziell bei Spielunterbrechungen im Fußball oder in einer ruhigen Phase im Langlauf wird die Aufmerksamkeit auf Werbereize gelenkt, da die momentane sportliche Attraktivität gering ist. Eine besonders kannibalisierende Wirkung haben Sportler, speziell Sportlergesichter, für die werbenden Sponsoren. Ist das Gesicht eines bekannten Sportlers zu sehen, zieht es viel Aufmerksamkeit auf sich. Die Werber im Umfeld werden nur noch kaum betrachtet. Dieser so genannte Vampir-Effekt, der auch in der klassischen Werbung immer wieder zu Wirkungsverlusten führt, resultiert letztlich aus einer Formation im Gehirn, die FFA (Fusiform Face Area) genannt wird. Diese Formation bewirkt, dass wir Gesichter schneller und tiefer analysieren als andere äußere Reize. Das hat damit zu tun, dass für unser biologisches Fortkommen der soziale Austausch wesentlich ist und wir in der Lage sein müssen, Gesichter schnell und differenziert wahrnehmen zu können. Profitieren können von diesem Effekt nur die Werber in unmittelbarer Gesichtsnähe, so zum Beispiel auf einer Mütze, einem Helm oder dem oberen Brust- oder Schulterbereich des Trikots oder der Jacke.

## 3.6 Die implizite Wahrnehmung von Sponsoringbotschaften

Zu Beginn des Kapitels wurde die fokussierte und bewusste Aufmerksamkeit als der Königsweg zur Wirkung von Sportsponsoring bezeichnet. Dies ist nicht nur für den gesunden Menschenverstand höchst plausibel, es gibt auch viele wissenschaftliche Belege, dass dem tatsächlich so ist. Viele Autoren der Sponsoringforschung halten die bewusste Aufmerksamkeit auch für absolut notwendig, um eine Werbewirkung der Sponsoringbotschaft zu erzeugen. Aufgabe des Sponsoringmanagements ist es demnach, möglichst gute Rahmenbedingungen für die aufmerksame und bewusste Verarbeitung der Sponsoringbotschaft zu schaffen. Der erste Teil dieses Kapitels gab dazu zahlreiche Anregungen. Nun stellt sich aber auch die Frage, ob der Umkehrschluss tatsächlich korrekt ist: Trifft es zu, dass Sponsoringbotschaften, die nicht mit fokussierter Aufmerksamkeit betrachtet und bewusst verarbeitet werden, nicht wirken? Es gibt Grund zu der Annahme, dass dies nicht so ist.

## 3 Die implizite Wahrnehmung von Sponsoringbotschaften

**Wie unbewusste Verarbeitungsprozesse die Aufmerksamkeit steuern**

Bereits oben wurde die Bedeutung unbewusster Verarbeitungsprozesse für die Aufmerksamkeitssteuerung angesprochen. Die Art und Weise, wie Menschen wahrnehmen, d. h. ihre bewusste Aufmerksamkeit steuern, ist nicht durch ein stetiges unsystematisches Absuchen des Blickfeldes charakterisiert, sondern durch ein sehr zielgerichtetes Scannen der Umgebung mittels Fixationen und Saccaden (schnelle Augenbewegungen), welche die Blickbewegung bilden. Was eine Millisekunde vorher noch die Peripherie des Sehfeldes war, wird durch die gezielte Zuwendung des Blickes, also der visuellen Aufmerksamkeit, zum Fixationspunkt. Wir können dabei sehr genau Bewegungen von Objekten in unserem Umfeld visuell verfolgen, ohne dass unsere Fixationen dabei immer wieder ins Leere oder Unbedeutende springen, also dahin, wo das beobachtete Objekt nicht ist. Dies kann nur deshalb möglich sein, weil die Reize in der Peripherie unseres Sehens auch verarbeitet werden und diese Information zur Steuerung der Blickbewegung vom Gehirn verwendet wird. Dies aber unter Ausschluss des Bewusstseins und des klaren fokussierten Sehens. Erst wenn wir unseren Blick dort hingewendet haben, erreicht das Objekt unsere bewusste Wahrnehmung, erkannt wurde es vom Gehirn aber schon viel früher — nur eben unbewusst. Eine andere Evidenz für die unbewusste Verarbeitung peripherer Sinnesreize ist der so genannte Cocktailparty-Effekt.

**Exkurs: Der Cocktailparty-Effekt**

Stellen Sie sich vor, Sie befinden sich auf der Abendveranstaltung eines sportökonomischen Kongresses. Mit Ihnen befinden sich ca. 100 Fachbesucher auf dieser Veranstaltung. Der Raum ist relativ weiträumig. Die Personen stehen in kleinen Gruppen zusammen, trinken Sekt und unterhalten sich angeregt über das Kongressprogramm. Der Raum ist erfüllt mit einem recht lauten Gewirr aus verschiedenen Stimmen. Sie selbst unterhalten sich mit Ihrem Kollegen, der Ihnen direkt gegenüber steht. Sie konzentrieren sich aufgrund der Lautstärke im Raum stark auf die Worte Ihres Kollegen. Die Stimmen der anderen Gäste verdichten sich zu einer unverständlichen Geräuschkulisse. Plötzlich hören Sie, wie hinten im Raum Ihr Name genannt wird. Sofort und unwillkürlich wendet sich Ihre akustische Aufmerksamkeit von den durchaus spannenden Erörterungen Ihres Kollegen ab und wandert direkt zu der Quelle Ihrer Namensnennung. „Wer spricht da über mich und vor allem, was?" denken Sie sofort. Sicherlich werden Sie solche oder ähnliche Phänomene aus der eigenen Alltagserfahrung kennen.

**Unbewusste Verarbeitung sensorischer Signale**

Aber wie ist so etwas möglich? Wieso sind wir in der Lage, aus einem für uns bedeutungslosen Stimmengewirr plötzlich unseren Namen herauszuhören? Dies funktioniert nur, weil dieses Stimmengewirr für unser Gehirn gar nicht so bedeutungslos ist — es ist nicht wirklich ein Gewirr. Tatsächlich ist unser Gehirn sehr wohl in der Lage, die eingehenden akustischen Signale zu analysieren und bedeutsame Muster (wie den eigenen Namen) darin zu erkennen. Diese Informationen benutzt das Gehirn, um, wenn es relevant erscheint, die Aufmerksamkeit auf das Signal zu fokussieren, um gegebenenfalls wichtige Informationen aufzunehmen. Phänomene dieser Art gibt es nicht nur für die Verarbeitung akustischer Signale, alle anderen Sinnesorgane und deren zugehörigen sensorischen kortikalen Zentren sind ebenso in der Lage, vorbewusst eingehende Informationen zu analysieren und bei Relevanz die jeweilige Sinnesaufmerksamkeit auf diese Reize zu lenken.

Es ist also sehr plausibel anzunehmen, dass auch Informationen jenseits der fokussierten Aufmerksamkeit von unserem Gehirn verarbeitet werden, dies allerdings außerhalb des Bewusstseins. Das Bewusstsein schaltet sich erst ein, wenn eine besondere Relevanz festgestellt wird. Das alte Bild von einer sehr eingeschränkten Verarbeitungskapazität des Menschen muss auf Basis solcher Befunde zunehmend revidiert werden. Von beschränkter Verarbeitungskapazität ist im Wesentlichen das Bewusstsein, das menschliche Gehirn als solches ist deutlich leistungsfähiger. Es sammelt Sekunde für Sekunde eine Vielzahl von Informationen aus verschiedenen Rezeptoren und verarbeitet diese.

Die implizite Wahrnehmung von Sponsoringbotschaften 3

**Unbewusste Verarbeitung der Sponsoringbotschaft**

Eine wesentliche Erkenntnis der Neuropsychologie ist, dass bereits jenseits der fokussierten und bewussten Wahrnehmung zahlreiche Verarbeitungsprozesse zwischen den Rezeptoren der Sinnesorgane und der resultierenden subjektiven Wahrnehmung liegen. Dabei immer beteiligt: zahlreiche Cortexareale, die die eingehenden Informationen mit bereits gespeicherten Wissen vergleichen. Kann daher auch jenseits der fokussierten Aufmerksamkeit eine Sponsoringbotschaft wahrgenommen und auch verarbeitet werden, also auch wirken?

Die Antwort ist Ja. Ein interessantes Experiment belegt eindrucksvoll die Wirkung auch peripherer werblicher Reize.

**STUDIE zur impliziten Wirkung von Sponsoringbotschaften**
Yang et al. haben 2006 im renommierten Journal of Advertising eine Studie veröffentlicht, die gerade die Bedeutung der impliziten (also unbewussten) Wirkung von Sportsponsoring unterstreicht.[5] Sie wählten zwei bekannte Sportcomputerspiele als Testobjekte. Beide Spiele zeichneten sich durch eine besonders realistische Umsetzung der werblichen Präsenz der Sponsoren im Umfeld aus. Die verwendeten Spiele waren Formula 1 und FIFA Soccer vom Hersteller Electronic Arts. Der Realismus der werblichen Präsenzen in Sportspielen ist heutzutage durchaus üblich und wird von den Gamern auch gefordert, steigert er doch den Eindruck in einem realitätsnahen Sportgeschehen eingreifen zu können. Yang et al. wählten Computerspiele als Stimulusmaterial, da sie neben dem realistischen werblichen Umfeld auch die Aufmerksamkeit der Spieler besonders stark auf das spielerische Geschehen lenken. Der Spieler ist bei Computerspielen eben nicht nur passiver Rezipient, der seine Blicke auch mal dem Umfeld widmen kann, sondern aktiver Mitspieler, dessen Aufmerksamkeit auf den Spielverlauf und seine eigenen Handlungen zur Spielkontrolle gerichtet ist.

---

[5] Yang, M. / Roskos-Ewoldsen, D. R. / Dinu, L. / Arpan, L.M. (2006). The effectiveness of „in-game" advertising. Journal of advertising.

### Ergebnisse der Studie

Yang et al. erwarteten in der Folge recht geringe Erinnerungswerte an die im Umfeld platzierten Sponsoren. Tatsächlich zeigte eine anschließende Befragung der Probanden, dass kaum explizite Sponsorenerinnerungen vorlagen. In den Rekognitionstests kamen die Testteilnehmer nicht über eine zufällige Trefferquote der tatsächlichen Sponsoren von annähernd 50 % hinaus. In einer dichotomen Entscheidungssituation führt allein der Zufall zu solch einem Antwortmuster. Auch die Fehlnennungen von Sponsoren, die gar nicht in den Spielen warben, waren recht hoch. Anders waren die Resultate beim impliziten Test. Im Rahmen eines Wortergänzungstests konnten die Forscher signifikant bessere Ergebnisse für die tatsächlich in den Spielen präsenten Werber ermitteln als in der Kontrollgruppe. Dieser Effekt war stabil sowohl im Kontext des Fußballspiels als auch des Formel-1-Spiels. Die Forscher schlossen daraus, dass periphere Werbereize, wie sie für Sponsoring üblich sind, stärker implizit — also ohne Bewusstheit — wirken als explizit. Und dies selbst bei einer starken fokussierten Aufmerksamkeit auf das Spielgeschehen und einem aktiven Ausblenden der Reize aus dem Umfeld.

Es ist also gar nicht so sehr die Frage, ob peripher wahrgenommene Werbe- und Sponsoringbotschaften wahrgenommen oder verarbeitet werden. Sie werden. Die Frage ist vielmehr, in welcher Tiefe diese Informationen verarbeitet werden und welche Relevanz dies für die Wirkung dieser werblichen Botschaften hat. Sind peripher und unbewusst wahrgenommene Sponsoringbotschaften in der Lage, das innere Bild einer Marke nachhaltig zu beeinflussen? Wir werden uns im Folgenden intensiver mit dieser Fragestellung befassen.

## 3.7 Gibt es eine unterschwellige Sponsoringwirkung?

Dass Werbung unterschwellig wirkt, ist eine sehr alte Annahme. Bereits 1957 berichtete das Wall Street Journal von einem spektakulären Experiment. James M. Vicary behauptete, eine Werbetechnik entwickelt zu haben, die den Konsumenten unbewusst erreicht und dennoch in der Lage ist, sein Verhalten, speziell sein Konsumverhalten, nachhaltig zu beeinflussen.[6] Den empirischen Beleg lieferte er mit einem Experiment, das er in einem Kino durchgeführt hatte. Während der Vorführung hat er „unterschwellig" die Botschaften „Eat Popcorn" und „Drink Coca-Cola" einblenden lassen. Unterschwellig, weil die Einblendung nach Vicary so kurz gewesen sein soll, dass sie bewusst nicht sichtbar war (0,003 Sekunden). Dennoch änderte sich das Konsumverhalten der Kinobesucher dramatisch. Der Verkauf von Coca-Cola stieg um 18 %, der Verkauf von Popcorn gar um 58 %!

**Manipulation der Konsumenten durch die Werbung**

Dieses Experiment führte zu einer sehr emotionalen Debatte über die drohende Manipulation der Konsumenten durch die Werbung. Speziell der Amerikaner Vance Packard mit seinem populären Buch „The Hidden Persuaders" griff diese Diskussion auf und führte den Kreuzzug gegen manipulierende Werbung an.[7] Das Experiment von Vicary wurde in den Jahren danach häufig repliziert, meist ohne Erfolg. Auch traten schnell Kritiker auf den Plan, die die Ergebnisse anzweifelten. So wurde in Frage gestellt, ob Vicary bei den damals gegebenen Möglichkeiten der Filmtechnik wirklich in der Lage war, unterschwellige Werbereize zu setzen — also Einblendungen, die so kurz waren, dass man sie nicht bewusst sehen konnte. Des Weiteren war schon lange im Rahmen der Forschung der Psychophysik bekannt, dass Reizschwellen inter- und intraindividuell variieren. Eine unterschwellige Darbietung für alle Kino-

---

[6] James McDonald Vicary (1915-1977) war ein US-amerikanischer Marktforscher, der 1957 mit einem Experiment zur Wirksamkeit unterschwelliger Werbung weltweit bekannt wurde.

[7] Packard, V. (1957). The Hidden Persuaders. David McKay Co.

besucher war damit nicht sehr wahrscheinlich. Tatsächlich sahen viele Experimente der unterschwelligen Wahrnehmung mit z. B. Tachistoskoptests[8] vor, Reize schon dann als unterschwellig zu klassifizieren, die von mehr als 50 % der Teilnehmer nicht wahrgenommen werden konnten. Der Rest war sich der Reizsetzung durchaus bewusst. Später wurde grundsätzlich angezweifelt, dass es die Studie von Vicary überhaupt in der Form gegeben hat.

**Unterschwellige Werbewirkung — ein fragwürdiges Konzept**

Wie problematisch die Idee einer unterschwelligen Werbewirkung ist, zeigt nicht zuletzt der Begriff selbst. Eine unterschwellige Reizsetzung kann per definitionem nicht in der Lage sein, wahrgenommen zu werden und damit verhaltensmanipulierend zu wirken. Aus der Psychophysik sind die absoluten Reizschwellen bekannt, die überschritten werden müssen, damit ein Reiz auch von den jeweiligen sensorischen Rezeptoren weitergeleitet wird. Dies ist der Punkt, an dem physikalische Energie (z. B. ein Lichtstrahl oder eine Schallwelle) von den Rezeptoren in neuronale Energie, also dem Aktionspotenzial, umgewandelt wird. Bleibt diese Schwelle unterschritten, so findet keine Informationsweitergabe in das Gehirn statt. Eine Wirkung ist demnach ausgeschlossen. Unterschwellige Werbung kann demnach nicht wirken.

**Auswirkung von Reizen, die nicht bewusst verarbeitet werden**

Spannender ist aber die Überlegung, welches Schicksal *überschwellige* Reize haben, die die Rezeptoren erreichen und als neuronale Energie in das Gehirn weitergeleitet werden, aber nicht das Bewusstsein der Rezipienten erreichen. Wir haben weiter oben im Zusammenhang mit der visuellen Aufmerksamkeit bereits gesehen, dass zahlreiche Sinnesreizungen das Bewusstsein gar nicht erreichen, da sie ausgefiltert oder als zu wenig relevant angesehen werden. Zweifelsohne werden sie aber verarbeitet, da sie für die Aufmerksamkeitssteuerung von entscheidender Bedeutung sind und dafür auch recht tief auf einer vorbewussten

---

[8] Ein Tachistoskop ist ein Projektionsgerät, das die bildliche Vorlagen von Objekten wie Produkten, Logos, Verpackungen für beliebig kurze Zeitintervalle sichtbar macht (vgl. auch Wikipedia, Eintrag: „Tachistoskop").

Ebene analysiert werden müssen. Dies ist speziell für alle Reize von Bedeutung, die eher peripher mit wenig bis gar keiner bewussten Aufmerksamkeit wahrgenommen werden. Ein Schicksal, welches wohl die Perzeption der meisten Sponsoringreize erfährt, da sie nur selten aufmerksam betrachtet werden oder sich über eine Orientierungsreaktion in das Bewusstsein der Rezipienten drängen. Sind auch diese peripheren Reizsetzungen in der Lage, irgendeine Wirkung beim Konsumenten zu haben? Die neuropsychologische Forschung gibt darauf eine eindeutige Antwort. Ja! Auch peripher wahrgenommene Reize ohne bewusste Aufmerksamkeit können Veränderungen in neuronalen Systemen hervorrufen, oder mit anderen Worten, sie können implizit wirken.

Unter welchen Bedingungen kommt es aber zu einer impliziten Wirksamkeit peripher wahrgenommener Sponsoringreize? Zunächst einmal erschwert auch bei peripherer Wahrnehmung die parallele Exposition mehrerer werblicher Reize die Wirkung. Es ist eben nicht so, dass die periphere und implizite Wahrnehmung einer Werbebotschaft der fokussierten Aufmerksamkeit überlegen ist. Das Gegenteil ist eher der Fall. Periphere Botschaften haben es besonders schwer, korrekt identifiziert zu werden, um die richtigen neuronalen Netzwerke — nämlich die der werbenden Marken — zu stimulieren und damit zu verstärken oder zu beeinflussen.

**Größe, Prägnanz und Klarheit der Sponsoringbotschaft auch wichtig für die implizite Wahrnehmung**

Eine weitere wichtige Bedingung für die Wirksamkeit einer peripheren Sponsoringbotschaft ist die Größe, Prägnanz und Klarheit der werblichen Botschaft. Bei peripherer Wahrnehmung liegen dem Gehirn deutlich weniger Informationen für eine Identifizierung zur Verfügung. Das Erkennen muss also auf Basis deutlich weniger Reizeigenschaften erfolgen. Marken mit starken gelernten visuellen Assoziationen haben es dabei leichter, auch peripher erkannt zu werden. Der Milka-Schriftzug und die lila Farbe erleichtern die Markenidentifizierung, auch in einer peripheren Rezipienzsituation. Ähnliches gilt für Coca-Cola, dem prägnanten Schriftzug und der roten Hintergrundfarbe. Auch einfache und nachhaltig gelernte Logos wie das Zeichen der Sparkassen erleichtern die periphere Wahrnehmung der Sponsoringbotschaft. Keine Chance haben noch unbekannte Marken oder Logos. In einer peripheren Rezipienzsituation werden sie keine Wirkung entfalten. Gleiches gilt für komplexe Werbebotschaften wie Slogans, Telefonnummern oder URLs. Weiterhin zuträglich für die periphere Wirkung der Sponsoringbotschaften ist auch ihre Nähe zur fokussierten Aufmerksamkeit. Je näher die peripheren Werbereize der fokussierten Aufmerksamkeit sind, umso wahrscheinlicher ist eine implizite Wirkung. Je weiter entfernt, umso schwieriger hat es auch die implizite Wahrnehmung, den Reiz korrekt zu verarbeiten.

**Unbewusste Wahrnehmung von Sponsoringbotschaften**

Halten wir also fest, dass auch nur peripher wahrgenommene Sponsoringbotschaften implizit wirken können, dies allerdings stärker unter bestimmten Umständen, die das Wiedererkennen auf neuronaler Ebene erleichtern. Diese Wirkung hat auch nichts mit unterschwelliger Werbewirkung zu tun, sie ist mehr einem Mechanismus geschuldet, der es uns Menschen ermöglicht auch periphere Reize (z. B. im äußeren Sehfeld) zu verarbeiten und gegebenenfalls fokussierte Aufmerksamkeit dorthin zu lenken, wenn der Reiz bedeutsam und relevant erscheint. Je besser der werbliche Reiz bzw. die beworbene Marke dabei im Gehirn bereits gespeichert ist, d. h. als komplexes neuronales Netzwerk abgelegt ist, umso stärker wirken Sponsoringreize auch peripher. Wichtig ist, dass all dies auf einer unbewussten Ebene stattfindet — der Rezipient nimmt eine Sponsoringbotschaft wahr, ohne sich dessen bewusst zu sein.

## 3.8 Multisensorische Verstärkung der Sponsoringbotschaft

In der Neuromarketing-Literatur wird häufig die Bedeutung der Multisensorik für die Wirkungsstärke von Werbung hervorgehoben. Was ist damit gemeint? Der Mensch verfügt, wie die meisten anderen Lebewesen auch, über mehrere Sinnesorgane. Dem Gehirn stehen also unterschiedliche Quellen zur Verfügung, Informationen aus der Umwelt aufzunehmen und zu verarbeiten. In

# 3 Multisensorische Verstärkung der Sponsoringbotschaft

der evolutionären Entwicklung des Gehirns hat sich dabei ein Mechanismus herausgebildet, den man als multisensorische Verstärkung bezeichnet. Nehmen wir ein und dieselbe Botschaft über mehrere Sinneskanäle wahr, so verstärkt unser Gehirn die Bedeutung und Verarbeitungstiefe dieser Botschaft überproportional. Die Rechnung ist dann nicht 1 + 1 = 2, sondern eher 1 + 1 = 5. Diese neuronale Verstärkung der Sinnesverarbeitung bezeichnet man auch als Superadditivität. Der evolutionäre Sinn liegt dabei in der größeren Überlebenschance des Individuums, wenn es Botschaften über mehreren Sinneskanälen auch mehr Bedeutung gibt. Unsere Vorfahren mussten sich eben stets mit einer eher gefährlichen und feindlichen Natur auseinandersetzen. Das Rascheln im Gebüsch mit zeitgleicher visueller Wahrnehmung eines dunkelbraunen Fells und einem Moschusgeruch in der Luft sollte sehr zuverlässig entsprechende Fluchtreaktionen hervorrufen. Verantwortlich für die multisensorische Verstärkung ist die Gehirnformation „Superior Colliculus" sowie millionenfach über das ganze Gehirn verteilte Interneurone. Sie sorgen dafür, dass Botschaften, die über mehrere Sinneskanäle wahrgenommen werden, bis zu zehnmal stärker verarbeitet werden als monosensorische Botschaften. Dies bedeutet auch zehnmal so viel Aufmerksamkeit, zehnmal so viel Verarbeitungstiefe und zehnmal so viel Gedächtnisspeicherung. Für Werbung also unter dem Strich zehnmal so viel Wirkung. Werbetreibende sind also gut beraten, ihre werblichen Botschaften über möglichst viele Sinneskanäle zeitgleich zu transportieren.

**Multisensorische Verstärkung im Sportsponsoring**

Auch das Sponsoring sollte von dieser multisensorischen Verstärkung profitieren können. Nimmt doch der Betrachter das Sportevent über mehrere Sinne wahr, vor Ort über alle zur Verfügung stehenden Sinne; über das Fernsehen zumindest visuell und akustisch. Beste Voraussetzungen also für multisensorische Verstärkung. Oder doch nicht? Multisensorisch ist eben meist nur das Sportevent an sich, die werblichen Botschaften der Sponsoren aber nicht. Sie sind eher visuell auf Banden, Trikots oder den Sportgeräten zu sehen. Eben nur zu *sehen*. Nicht zu hören, nicht zu riechen, nicht zu fühlen. Die Bedeutung der multisensorischen Verstärkung ist also für die meisten werblichen Botschaften im Sport sehr beschränkt. Dennoch ist sie wichtig, lassen sich doch auch multisensorische Werbebotschaften inszenieren. So zum Beispiel im Stadion, wenn bei einem Tor der Bayern der Telekom-Jingle über den Stadionlautsprecher zu hören ist und zeitgleich die Telekom auf der Digitalbande dem Verein zum gelungenen Tor gratuliert. Es ist also eine Frage der Kreativität der Sponsoringagenturen, multisensorische Verstärkungen in der Inszenierung des Sponsorships vor Ort oder in den Medien zu nutzen. Und das Gehirn wird diesen zusätzlichen Aufwand immer belohnen, nämlich mit einer deutlichen Verstärkung der Wirkung der werblichen Botschaft.

# 4 Die zweite Wirkungsstufe: Speicherung der Sponsoringbotschaft

Die Wahrnehmung der Sponsoringbotschaft stellt eine notwendige, aber keine hinreichende Bedingung für eine nachhaltige Wirkung von Sportsponsoring dar. Vielmehr muss die Botschaft auch im Gehirn langfristig gespeichert werden, um Wirkung zu entfalten. Wie aber speichern wir Menschen wahrgenommene Botschaften? Wie funktioniert das menschliche Gedächtnis und welche Bedingungen müssen gegeben sein, damit eine Sponsoringbotschaft dauerhaft in der Erinnerungswelt der Konsumenten bestehen kann? Um diese Fragen zu beantworten, müssen wir uns zunächst mit dem Aufbau und der Funktion des menschlichen Gedächtnisses beschäftigen, speziell mit der Frage, wie Informationen in unserem Gehirn gespeichert und wie sie wieder abgerufen werden.

## 4.1 Der Klassiker – Das 3-Speicher-Modell

In der Gedächtnisforschung hat sich früh die Vorstellung entwickelt, dass der Mensch drei unterschiedliche Gedächtnisspeicher zur Verfügung hat. Sie dienen im Wesentlichen den unterschiedlichen zeitlichen Ausdehnungen der mentalen Speichermöglichkeiten.

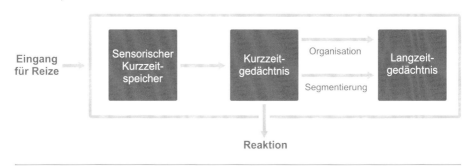

Abb. 14: Das 3-Speicher-Modell

**Gedächtnisspeicher 1: Kurzzeitspeicher (sensorischer Speicher)**

Zunächst einmal gelangen Reize aus der Umwelt (oder auch der Innenwelt) in den Kurzzeitspeicher (auch Ultrakurzzeitspeicher genannt). Dieser Speicher ist für den unmittelbaren Eindruck zuständig und behält Informationen nur für ein oder zwei Sekunden. Eine andere Bezeichnung für diesen Speicher ist das Momentangedächtnis. Da dieses Gedächtnis eng mit der Reizaufnahme verknüpft ist, wird es in der moderneren Literatur auch als sensorischer Speicher bezeichnet.

**Gedächtnisspeicher 2: Kurzzeitgedächtnis (Arbeitsspeicher)**

Der nächste Schritt der Informationsverarbeitung führt die Wahrnehmungen vom sensorischen Speicher in das Kurzzeitgedächtnis. Dieses Gedächtnis hat eine zeitliche Ausdehnung von wenigen Sekunden bis eine halbe Minute. Im Kurzzeitgedächtnis können Informationen gegenwärtig gehalten werden, sie können reflektiert und durchdacht werden. Daher wird dieser zweite Gedächtnisspeicher häufig auch als Arbeitsspeicher bezeichnet. Dort werden Informationen bewusst ver*arbeitet*, können neu kombiniert und analysiert werden. Der Arbeitsspeicher wird von vielen Autoren auch in großer Nähe zum Bewusstsein gesehen, einige Autoren setzen den Arbeitsspeicher mit dem Bewusstsein gleich. Der Arbeitsspeicher entscheidet letztlich, welche Informationen intensiver verarbeitet werden und welche nicht. Dies führt zu einem bestimmenden Merkmal des Arbeitsspeichers. Er ist stark begrenzt auf nur einige wenige Bedeutungsinhalte. Seit Miller diskutiert man die „magische Nummer Sieben".[1] Die Annahme, dass nur fünf plus/minus zwei Bedeutungsinhalte gleichzeitig im Arbeitsspeicher präsent gehalten werden können. Auch kann der Arbeitsspeicher durch neue Wahrnehmungen wieder schnell überschrieben werden, er ist sehr flüchtig und nur die Konzentration auf wenige fokussierte Inhalte ermöglicht eine längerfristige Beschäftigung des Arbeitsspeichers mit ein und denselben Bedeutungsinhalten.

**Gedächtnisspeicher 3: Langzeitgedächtnis**

Für eine wirklich langfristige Speicherung von neuen Informationen bedarf es allerdings eines dritten Speichers — dem Langzeitgedächtnis. Das Langzeitgedächtnis speichert Informationen für einen nahezu unbegrenzten Zeitraum. Auch ist das Langzeitgedächtnis von einer nahezu unbegrenzten Speicherkapazität. (Es gibt Forscher, die annehmen, dass unser Gehirn nichts wirklich vergisst, was wir jemals wahrgenommen haben — die Möglichkeit des bewussten Abrufs ist allerdings nur für einen Bruchteil davon gegeben — empirisch beweisen lässt sich diese Annahme natürlich nicht.) Das Langzeitgedächtnis kann eine große Anzahl von Informationen langfristig fest abspeichern. Lernen bedeutet nach diesem Modell eine langfristige Speicherung von Informationen im Langzeitgedächtnis. Damit dies gelingt — so die Modellvorstellung —, müssen die wahrgenommenen Informationen alle drei Speicher durchlaufen. Vom sensorischen Speicher werden die auffälligsten und relevantesten Informationen in den Arbeitsspeicher überführt, dort werden sie verarbeitet und können im Langzeit-

---

[1] Siehe auch Felser, G.: Werbe- und Konsumentenpsychologie. Berlin: Springer.

speicher fest verankert werden. Einige Modelle nehmen noch einen Zwischenspeicher an, der zwischen Arbeitsspeicher und Langzeitspeicher geschaltet ist und der langfristigen Konsolidierung der gespeicherten Informationen dient.

**Wie können wir Informationen langfristig speichern?**

Das Ablegen der Informationen im Langzeitspeicher erfolgt nach der Bedeutung der Information und kann unabhängig vom sensorischen Ursprung sein, sei er visuell, akustisch oder über einen anderen Sinneskanal. Wir alle wissen aus eigener Erfahrung allerdings, dass das langfristige Abspeichern von Informationen kein einfacher bewusster Akt ist. Wir sind keine Roboter, die zielgerichtet die Entscheidung treffen: „Diese Telefonnummer merke ich mir jetzt." — und schon ist es geschehen und die Nummer fest im Gedächtnis verankert. Bewusst intendiertes Lernen — speziell von abstrakten Informationen — ist eine mühselige Angelegenheit. Und manchmal merken wir uns vermeintlich Unbedeutendes völlig mühelos, während andere wichtigere Informationen einfach nicht im Gedächtnis bleiben wollen.

Der Schlüssel zum Langzeitspeicher — so das 3-Speicher-Modell — liegt im Arbeitsgedächtnis. Nur Informationen, die hinlänglich lang im Arbeitsspeicher gehalten werden und dort bewusst verarbeitet werden, haben eine gute Chance, langfristig im Langzeitspeicher abgelegt zu werden. Je mehr und intensiver ich also über einen wahrgenommenen Sachverhalt nachdenke und je häufiger ich dies tue, umso wahrscheinlicher ist eine langfristige Speicherung. In der Literatur finden sich einige Hinweise, welche Bedingungen die Wahrscheinlichkeit der langfristigen Speicherung einer Information erhöht.

## ÜBERSICHT Bedingungen für eine langfristige Speicherung von Informationen

| | |
|---|---|
| Persönliche Relevanz | Ist die Information von Bedeutung für mich oder spricht sie gerade aktive Motive bei mir an? |
| Handlungsorientierung | Unterstützt die Information mich bei der Umsetzung einer gegenwärtigen oder zukünftig bedeutsamen Handlung meinerseits? |
| Wichtige Folge | Hätte die Nichtbeachtung dieser Information eine negative oder schädliche Folge für mich? |
| Konsistent mit vorhandenem Wissen | Kann ich die Information an bereits gespeichertes Wissen mühelos anknüpfen? |
| Besonders emotional | Verbinde ich mit der Information besonders starke Gefühle bzw. löst die Information besonders starke Gefühle bei mir aus? |
| Überraschung | Überrascht mich die Information, ist sie in großem Maße nicht erwartungskonform? |

**Bedeutung des 3-Speicher-Modells für das Sponsoring**

Übertragen auf die Situation eines Sponsors und der Vermittlung einer Sponsoringbotschaft bedeutet dies aus Sicht des 3-Speicher-Modells, dass die Botschaft den Weg vom sensorischen Speicher in den Arbeitsspeicher finden muss und dort möglichst intensiv, möglichst lang und möglichst häufig verarbeitet werden sollte. Besonders leicht sollte dies sein, wenn die Sponsoringbotschaft von großer Relevanz für den Rezipienten ist. Spätestens hier zeigt sich die Problematik für die Sponsoringbotschaft. Für ein Sponsorenbranding im Umfeld einer Sportveranstaltung ist es schwer genug, Aufmerksamkeit zu erlangen, geschweige denn vom Rezipienten für einen längeren Zeitraum bewusst reflektiert, geradezu elaboriert zu werden. Erschwerend kommt hinzu, dass die Relevanz der Werbebotschaft für den Sportzuschauer meist nicht direkt gegeben ist — außer vielleicht die Bierwerbung in deutschen Stadien, die sicherlich den Bierkonsum der Rezipienten anregt, wenngleich sich dieser Effekt wohl auch stark generisch auswirken wird, also nicht nur die gerade beworbene Biermarke konsumiert wird, sondern auch andere Biere.

Die zweite Wirkungsstufe: Speicherung der Sponsoringbotschaft

Wenn das 3-Speicher-Modell eine adäquate Annahme über die Funktion des menschlichen Gedächtnisses darstellt, so muss es das Bestreben der Sponsoren sein, eine möglichst große, bewusste mentale Auseinandersetzung der Rezipienten mit ihrer Botschaft zu erreichen. Dass dies tatsächlich möglich ist, wird weiter unten näher erläutert. Stellen wir aber zunächst die Frage, ob wir Menschen tatsächlich nur über den Arbeitsspeicher und über eine elaborierte bewusste Informationsverarbeitung langfristig Lernen. Um dies zu klären, müssen wir uns mit den neurologischen Grundlagen des Gedächtnisses beschäftigen und auch die neuen Erkenntnisse der Hirnforschung berücksichtigen.

## 4.2 Wie lernt das Gehirn?

Lernprozesse aus neurologischer Perspektive beruhen letztlich auf erfahrungsabhängige Veränderungen in unserem Gehirn. Es ist eine wesentliche Aufgabe eines evolutionär hoch entwickelten Gehirns — und wir Menschen besitzen so ein Gehirn —, als Vermittler zwischen der Umwelt und dem Organismus zu fungieren. Dabei müssen wir flexibel auf sich stetig ändernde Umweltbedingungen reagieren können, aber auch aus Erfahrungen lernen und Schlussfolgerungen ziehen können, um unser Überleben in einer komplexen Umwelt zu sichern. Dafür ist das langfristige Abspeichern von Informationen unabdingbar. Unser Gehirn ist speziell für diese Aufgabe bestens ausgerüstet. Tatsächlich geht Lernen stets mit physiologischen Veränderungen in unserem Gehirn einher. Wie dies genau vonstatten geht, ist zwar nach wie vor nicht erschöpfend erforscht und verstanden, aber mittlerweile haben die Neurowissenschaften einen guten Einblick in die Lernmechanismen des Gehirns gewinnen können. Speziell die Erforschung des gesunden Gehirns mit Hilfe bildgebender Verfahren hat das Wissen über Lernen und Gedächtnis deutlich vertieft. Aber auch die Arbeit mit kranken Menschen, speziell mit den Krankheitsbildern der Amnesie, konnte wertvolle Erkenntnisse beisteuern. Die für das Speichern von Informationen verantwortlichen Hirnstrukturen sind speziell der Hippocampus, der entorhinale Cortex, der parahippocampale und der perirhinale Cortex. Dem Hippocampus und seinen anliegenden Strukturen kommt dabei die Bedeutung des Organisators des Gedächtnisses zu. Er entscheidet, *was* in unserem Gehirn fest gespeichert wird und *wo* es gespeichert wird. Der Hippocampus ist auch beim Abruf der gespeicherten Informationen beteiligt. Er ist aber nicht der Ort, wo Informationen gespeichert werden. Dies ist im Wesentlichen der Isocortex. In den unterschiedlichen corticalen Regionen werden Informationen modalspezifisch abgelegt, oder anders ausgedrückt: codiert. Sensorische Informationen werden dabei in den jeweiligen sensorischen Cortices abgelegt, visuelle Eindrücke z. B. im visuellen Cortex gespeichert, akustische Informationen im akustischen Cortex oder Farben in farbverarbeitenden Cortexbereichen. Die zellulären Mechanismen, die dabei dem Lernen zugrunde liegen, sind im Wesentlichen dauerhafte Veränderungen der synaptischen Leitfähigkeit in neuronalen Netzwerken. Dadurch verändert sich der Fluss der Erregung durch diese Netzwerke, was funktionale Veränderungen nach sich zieht. Die synaptische Leitfähigkeit kann dabei präsynaptisch oder postsynaptisch erfolgen, z. B. durch eine Langzeitpotenzierung, die auf einer Aktivität von NMDA-Rezeptoren beruht. Wichtig ist, dass dies dauerhafte Veränderungen an den corticalen Strukturen bedeutet, die letztlich zu einer leichteren Erregbarkeit von neuronalen Netzwerken führt.

**Anpassen der neuronalen Strukturen an die Umweltbedingungen**

Unser Wissen ist daher letztlich in komplexen neuronalen Netzwerken organisiert, die stetigen Veränderungen in ihrer synaptischen Leitfähigkeit unterworfen sind. Diese Veränderungen werden durch Reizeinflüsse der Rezeptoren verursacht, also durch die Auseinandersetzung des Individuums mit seiner Umwelt. Lernen ist nichts anderes als ein stetes Anpassen der neuronalen Strukturen des Gehirns an die Bedingungen der Umwelt. Der Hippocampus legt dabei fest, wo, mit welcher assoziativer Stärke und mit welchem Kontext Informationen abgespeichert werden und (und dies ist besonders wichtig) wann und wie leicht sie wieder abrufbar sind. Bei einer starken Konsolidierung von Gedächtnisinhalten erzielen diese eine gewisse Unabhängigkeit vom Hippocampus. Dies bedeutet, dass sie auch ohne zutun des Hippocampus abrufbar sind. Wie organisiert unser Gehirn aber grundsätzlich das Gedächtnis? Die Antwort ist vielleicht verblüffend, denn DAS Gedächtnis gibt es eigentlich nicht.

## Die verschiedenen Gedächtnisse im Gehirn

Heute ist man sich in der Gedächtnisforschung einig, dass es zwei sehr unterschiedliche Gedächtnisformen geben muss, die sich fundamental voneinander unterscheiden. Der renommierte Gedächtnisforscher Daniel Schacter bezeichnet sie als das **explizite Gedächtnis** und das **implizite Gedächtnis**.[2] Andere Autoren reden vom deklarativen Gedächtnis und dem nicht-deklarativen (oder auch prozeduralem) Gedächtnis. Beiden Vorstellungen gemein ist aber die Annahme, dass das explizite Gedächtnis kontrolliert und mit Bewusstheit einhergeht, das implizite Gedächtnis aber das genaue Gegenteil ausmacht: seine Lernmechanismen sind automatisiert und weitestgehend unbewusst.

---

[2] Schacter, D. L. (1996). Searching for memory. New York: Basic Books.

# Wie lernt das Gehirn? 4

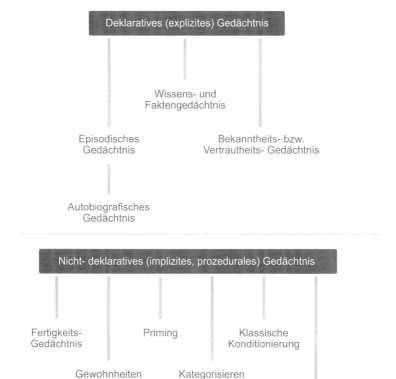

Abb. 15: Schematische Einteilung des menschlichen Gedächtnisses nach Roth (2003). Nach den Befunden der Hirnforschung gibt es sowohl ein explizites, bewusstes Gedächtnis als auch ein implizites, unbewusstes Gedächtnis.

Es wird davon ausgegangen, dass beide Gedächtnissysteme auf den Aktivitäten unterschiedlicher Hirnzentren beruhen. Während das explizite Gedächtnis im Wesentlichen durch den Hippocampus gesteuert und die Informationen in weiten Bereichen der assoziativen Großhirnrinde abgelegt werden, verortet man das implizite Gedächtnis im Wesentlichen im Cerebellum und im limbischen System.

### Das explizite Gedächtnis

Das explizite Gedächtnis wird in episodisches Gedächtnis, Wissens- und Faktengedächtnis sowie Bekanntheits- bzw. Vertrautheitsgedächtnis unterteilt. Das episodische Gedächtnis umfasst alles, was wir über uns und andere wissen bzw. erinnern können. Teile daraus werden auch als autobiographisches Gedächtnis bezeichnet. Das episodische Gedächtnis speichert auch räumliche, zeitliche und inhaltliche Kontextinformationen des Gelernten. Das Faktengedächtnis umfasst abstraktes Wissen, welches wir uns über die Welt, die Menschen und ihre Zusammenhänge angeeignet haben.

Es ist in unserem Kontext, der Betrachtung der Sponsoringwirkung, von Bedeutung, dass das Faktengedächtnis häufig nicht abspeichert, wo wir diese Fakten gelernt haben. Der Ort und die Umstände des Lernens sind häufig nicht präsent. Diese Informationen sind für das Faktengedächtnis auch nicht relevant. Dies ist z. B. sehr bedeutsam für die Einschätzung von Umfrageergebnissen der Sponsoringforschung. In einem späteren Kapitel über die Ansätze der Sponsoringwirkungsforschung kommen wir noch einmal darauf zurück.

Das Vertrautheitsgedächtnis sorgt dafür, dass wir einschätzen können, ob uns etwas — ein Mensch, ein Objekt oder eine Situation — vertraut ist oder nicht. Dieses Gedächtnis arbeitet sehr schnell und intuitiv. Es benötigt wenige Ressourcen und der Ursprung der Vertrautheit ist häufig nicht bewusst.

### Das implizite Gedächtnis

Das implizite Gedächtnis umfasst sehr unterschiedliche Lernphänomene. Diesen ist gemein, dass sie unbewusst oder nur mit sehr wenig Bewusstheit ablaufen. Das implizite Gedächtnis umfasst motorische und perzeptionelle Fertigkeiten, z. B. die Fertigkeit, ein Auto zu fahren. Nach einer durchaus bewussten Lernphase — die viel Konzentration und Aufmerksamkeit verlangt — wird die Fahrfertigkeit sukzessive in das implizite Gedächtnis überführt. Das Fahren verlangt immer weniger Aufmerksamkeit und kann irgendwann völlig automatisch durchgeführt werden, ohne das Aufmerksamkeit oder Kapazitäten des Arbeitsspeichers benötigt werden. Wenn wir bewusste Aufmerksamkeit auf automatisierte Fertigkeiten lenken, erschwert dies die Ausführung sogar. Auch perzeptionelle Muster können implizit erkannt werden. Ein typisches Beispiel sind professionelle, sehr gut geübte Schachspieler.

> **BEISPIEL    Schachspieler erfassen implizit Muster auf dem Schachbrett**
>
> Herausragende Schachleistungen von professionellen Schachspielern sind weniger darauf zurückzuführen, dass sie im Geist zahlreiche Züge auf dem Schachbrett vorausberechnen können. Tatsächlich können sie das nicht viel besser als Laien. Was sie von den Laien unterscheidet, ist das implizite Erfassen von Mustern auf dem Schachbrett — den Standorten aller eigenen und gegnerischen Schachfiguren auf dem Schachbrett —, auf die sie gelernt haben, intuitiv richtig zu reagieren. Dabei können sie die Ursache dieser Intuition selber nicht bewusst wiedergeben. Besonders deutlich wird dies beim Schnellschach. Dort werden die Züge so schnell vollzogen, dass ein bewusstes Nachdenken nicht mehr möglich ist.

**Das implizite Gedächtnis als Mustererkenner**

Das implizite Gedächtnis ist ein hervorragender Mustererkenner. Die Art der Muster ist dabei irrelevant, ob es ein Schachbrett mit Figuren für den geübten Schachspieler ist, das Röntgenbild einer kranken Lunge für den geübten Arzt oder das mit Marken und Produkten gefüllte Regal im Supermarkt für den geübten Konsumenten. Das Entscheidende ist die Geübtheit mit den Mustern durch zahlreiche Kontakte und Erfahrungen, speziell das in der Kontaktsituation stattfindende implizite Lernen. Auch das Erkennen und Zuordnen von Kategorien erfolgt implizit. Dass ein Gesicht ein Gesicht ist, erfassen wir völlig intuitiv, dass ein Hund ein Hund ist, ebenso. Die neuronalen Berechnungen, die diesem Kategorisieren zugrunde liegen, sind allerdings hoch komplex, dennoch bekommen wir nichts davon mit. Sie sind eben implizit. Und sie sind eine Folge von implizitem Lernen. Ähnlich ist dies mit der Sprache. Kinder lernen auch komplexe Sprachen völlig mühelos. Dies gelingt ihnen, weil sie nicht Vokabeln und Grammatikregeln „pauken", sondern durch die Erfahrung mit Sprache — sei es Sprache hören oder selber sprechen — diese implizit lernen. Auch Priming (Bahnung) und Konditionierung ist im Wesentlichen ein unbewusster Lernvorgang.

Konditioniert werden können sowohl physiologische Reaktionen als auch emotionale Reaktionen (die so genannte emotionale Konditionierung). Aufgrund zeitgleichen Auftretens von äußeren Reizen und physiologischen wie emotionalen Reaktionen wird der Reiz zum Auslöser der entsprechenden Reaktion. Ein Mechanismus, welcher auch für die Wirkung von Sponsoring verantwortlich sein soll. Wir werden später darauf zurückkommen.

Auch Gewohnheiten (so genannte „habits") zählen zu den impliziten Lernvorgängen, da sie über Verstärkungslernen („operante Konditionierung" oder auch „Lernen am Erfolg" genannt) ausgebildet werden, häufig ohne Bewusstheit des Lernenden über den Lernprozess. Was bedeutet aber nun die Unterscheidung in ein explizites und ein implizites Gedächtnis für das Speichern werblicher Botschaften? Neben dem expliziten und dem impliziten Gedächtnis zählen einige Autoren auch noch das emotionale Gedächtnis zu den Gedächtnisarten. Wir werden es bei der Betrachtung der Markenemotionalisierung durch Sportsponsoring noch einmal genauer kennenlernen.

## 4.3 Die Verarbeitung einer werblichen Botschaft

Auf den folgenden Seiten lernen Sie unterschiedliche Modelle der Werbewirkung kennen. Dabei werden verschiedene Wege der Speicherung von werblichen Botschaften berücksichtigt — explizite wie implizite.

**Das Elaboration-Likelihood-Modell (ELM)**

Ein klassisches und sehr anerkanntes Modell von Petty und Cacioppo akzentuiert die Elaboration der werblichen Botschaft als wesentlichen Bestandteil der Werbewirkung, das Elaboration-Likelihood-Modell (ELM) war geboren.[3]

---

[3] Petty, R. E. / Cacioppo, J. T. / Kasmer, J.A. (1988). The role of affect in the elaboration likelihood model of persuasion, in: Donohew, L. / Sypher, H. E. (Hrsg.). Communication, social cognition, and affect. Hillsdale: Lawrence Erlbaum Associates.

# 4 Die Verarbeitung einer werblichen Botschaft

Was sagt dieses Modell über die Wirkung von Werbung aus? Bei hoher Elaborationswahrscheinlichkeit der Werbebotschaft nutzen Konsumenten ihr Arbeitsgedächtnis zur tiefen kognitiven Verarbeitung des Botschaftsinhaltes. Bei geringer Elaborationswahrscheinlichkeit ist dies nicht der Fall. Dann gewinnen periphere Hinweisreize für die Werbewirkung an Bedeutung. Dazu gehören im Rahmen des Modells affektive Bewertungen, die der Werbebotschaft (oder der Marke) anhaften. Auch der Kontext der Botschaftsaufnahme gewinnt an Bedeutung. Speziell bei einem hoch emotionalen Kontext, in dem die Werbebotschaft eingebettet wird — und Sport ist solch ein hoch emotionaler Kontext — werden diese Kontextinformationen mit der Werbebotschaft verknüpft und gespeichert. Dies ist im Wesentlichen ein impliziter Prozess, welcher nicht das Bewusstsein der Konsumenten erreicht. Die Motivation zur Informationsverarbeitung entscheidet über die Verarbeitungsroute, ob stark elaboriert und damit höchst explizit oder nicht — und damit implizit. Diese Motivation hängt von situativen und persönlichen Variablen ab.

Abb. 16: Das Elaboration-Likelihood-Modell (stark vereinfacht)

## Das Modell des Low-Involvement-Processing

Eine ähnliche Modellvorstellung liegt dem Modell des Low-Involvement-Processing der Werbewirkung nach Heath zugrunde.[4] Interessant ist, dass er bei der Bezeichnung seines Modells — anders als Petty und Cacioppo — die Verarbeitung im Low-Involvement-Modus akzentuiert. Grundsätzlich unterscheidet er drei Wege der werblichen Informationsverarbeitung: dem High-Involvement-Processing, dem Pre-attentive-Processing und dem Low-Involvement-Processing. Ähnlich wie im ELM ist das High-Involvement-Processing durch eine bewusste, reflektierte und tiefer gehende Auseinandersetzung mit der werblichen Botschaft charakterisiert. Heath weist aber darauf hin, dass Menschen gerade Werbung selten in diesem Modus verarbeiten. Die wesentliche Ursache dafür ist die geringe Relevanz, die die Konsumenten der Werbung beimessen und das hohe Maß an neuronaler Energie, welches für die bewusste Auseinandersetzung mit der Werbebotschaft aufgewendet werden muss. Die Neurowissenschaften bestätigen dies. Komplexe corticale Prozesse gehören zu den energieintensivsten Vorgängen im Gehirn. Wahrscheinlicher, so Heath, ist die Verarbeitung werblicher Botschaften im Modus des Low-Involvement-Processing. Dieser Modus ist durch eine geringe Beteiligung bewusster Aufmerksamkeit charakterisiert und verläuft weitestgehend automatisiert. Das hat Folgen für die Speicherung der Botschaft. Sie wird nicht weiter elaboriert oder interpretiert, vor allem aber auch nicht kritisch hinterfragt. Sie wird so gespeichert, wie sie wahrgenommen wird. Dies eben in Abwesenheit von Bewusstheit, also implizit. Zwischen diesen beiden Wegen der Speicherung werblicher Botschaften nimmt Heath das Pre-attentive-Processing an.

## Das Modell des Pre-attentive-Processing

Das Modell des Pre-attentive-Processing kennzeichnet ein unaufhörliches unbewusstes Scannen unseres Wahrnehmungsraumes, um gegebenenfalls fokussierte Aufmerksamkeit dahin zu richten, wo bedeutungsvolle Botschaften zu erwarten sind. Dabei erfolgt eine recht tiefgehende Verarbeitung der Peripherie unseres Wahrnehmungsfeldes. Diese Informationen gehen aber

---

[4] Heath, R. (2001). The hidden power of advertising. London: Admap.

wieder verloren, wenn die Aufmerksamkeit des Rezipienten nicht darauf gelenkt wird. Sie verfällt sozusagen nach kürzester Zeit. Es gibt Autoren, die dem widersprechen. Es ist aber noch unklar, wie dauerhaft pre-attentiv verarbeitete Reize gespeichert werden. Wie in Kapitel 3.3 über die Aufmerksamkeit der Sponsoringbotschaft gegenüber beschrieben, hängt deren Speicherung von ihrem Komplexitätsgrad ab sowie von ihrer Anschlussfähigkeit an vorhandene neuronale Netzwerke.

Sowohl das klassische ELM-Modell von Petty und Cacioppo als auch das Modell von Heath berücksichtigen also zwei Wege der Verarbeitung werblicher Botschaften. Man könnte diese zwei Wege auch als einen eher expliziten Wirkungspfad sowie einem eher impliziten Wirkungspfad bezeichnen. Diese Heuristik wollen wir im Folgenden beibehalten und auf die Kommunikationsart Sportsponsoring anwenden.

## 4.4 Was erleichtert das Lernen einer Sponsoringbotschaft?

Die zuvor erläuterten Mechanismen der Gedächtnisspeicherung und Modelle der Werbewirkung helfen uns besser zu verstehen, wie Sponsoringbotschaften gespeichert werden und was ein Sponsor tun kann, um die Speicherung der Sponsoringbotschaft zu optimieren. Dass Sponsoringbotschaften gespeichert werden müssen, ist zweifellos eine notwendige Voraussetzung für die Wirksamkeit eines Sponsorings. Anders wäre es schwer denkbar, dass die Haltung gegenüber der sponsernden Marke sowie der Markenkonsum positiv beeinflusst werden kann. Die Botschaft muss an den POS, den Point-of-Sale, getragen werden, wo immer dieser sich auch befindet. Wir wissen nun, dass dieses Lernen aber grundsätzlich auf zwei Wegen stattfinden kann. **Die Sponsoringbotschaft kann explizit oder implizit gelernt werden.** Von Bedeutung ist dabei, dass beide Formen des Lernens nicht nur unter verschiedenen Gesetzmäßigkeiten vonstatten gehen, sie finden auch in unterschiedlichen Gehirnstrukturen statt. Was bedeutet dies nun für das Lernen der Sponsoringbotschaft?

Die zweite Wirkungsstufe: Speicherung der Sponsoringbotschaft

### Das explizite Lernen der Sponsoringbotschaft

Das explizite Lernen der Sponsoringbotschaft ist von Bewusstheit und einer notwendigen Verarbeitungstiefe geprägt. Nur wenn der Rezipient bewusst seine Aufmerksamkeit auf die Sponsoringbotschaft lenkt, diese erkennt und in seinem Arbeitsgedächtnis ausreichend elaboriert verarbeitet, ist — bezogen auf den expliziten Wirkungspfad — die Wahrscheinlichkeit einer dauerhaften Speicherung gegeben. Voraussetzung dafür ist eine gewisse Relevanz von Seiten des Betrachters. Begünstigt wird dieser Prozess, wenn die Sponsoringbotschaft einen Komplexitätsgrad hat, der das Arbeitsgedächtnis nicht überfordert. Der Rezipient muss in der Lage sein, diese Botschaft leicht in seinem Arbeitsspeicher zu halten und zu verarbeiten. Darüber hinaus muss die Botschaft auch leicht an neuronale Strukturen „angekoppelt" werden können. Sie sollte also zu bereits vorhandenen neuronalen Strukturen passen. Eine zu hohe Komplexität der Sponsoringbotschaft wird daran scheitern, dass die notwendigen Verarbeitungsressourcen nicht zur Verfügung gestellt werden — speziell nicht in der Kürze eines durchschnittlichen Sponsoringkontaktes. Lange Claims oder Slogans auf einer Bande haben daher wenig Chancen, ihre Wirksamkeit zu entfalten.

### Bedeutung der Sponsoringbotschaft steigern

Die Relevanz der Sponsoringbotschaft hängt auch sehr stark von den verwendeten Werbemitteln ab. Ein Fußball-Trikot hat für den Fan eine andere Bedeutung als eine Stadionbande, auch der Sponsor auf dem Trikot wird von diesem Mehr an Bedeutung im Vergleich zur Stadionbande profitieren. Zuschauer vor Ort können durch Give-aways, Gewinnspielen oder speziell dafür kreierten Aktionen dazu bewegt werden, den Sponsoren gegenüber nicht nur mehr Aufmerksamkeit zu zeigen, sondern ihre Botschaften auch als relevanter anzusehen.

### Verarbeitungstiefe einer Sponsoringbotschaft erhöhen

Auch die Elaboration der Sponsoringbotschaft kann positiv beeinflusst werden. Man unterscheidet dabei eine flache und eine tiefe Verarbeitung der werblichen Botschaft. Je flacher (weniger elaboriert) die Verarbeitung der

Botschaft, umso geringer die Gedächtnisleistung. Je tiefer eine werbliche Botschaft verarbeitet wird, umso besser wird sie gespeichert und erinnert. Die Forscher Craik & Tulving konnten diesen Mechanismus in Experimenten eindrucksvoll belegen.[5] Ihre Probanden mussten Wörter nicht einfach nur lernen, sondern sie mussten mit ihnen Aufgaben lösen. Je tiefer die Wörter verarbeitet werden mussten, um die vorgegebene Aufgabe zu lösen, umso größer auch die Erinnerungsleistung (78 % bei den tief verarbeiteten Wörtern, lediglich 16 % bei den eher flach verarbeiteten).

**Begleitende PR eines Sponsorships**

Eine besondere Bedeutung für die Elaboration einer Sponsoringbotschaft hat dabei die begleitende PR eines Sponsorships. Zahlreiche Studien belegen, dass Informationen, die den Rezipienten näher erläutern,

- warum gesponsert wird,
- welche Ziele verfolgt werden und
- wie das Sponsoring dem Gesponserten zu Gute kommt,

einen sehr positiven Einfluss auf die Erinnerung an die Sponsoringbotschaft und deren Akzeptanz haben. Es müssen aber nicht nur PR-Erfolgsgeschichten sein. Auch negative Presse kann diese Wirkung entfalten, nicht immer zur Freude der betroffenen Sponsoren. Ein Beispiel aus der Fußball-Bundesliga verdeutlicht dies.

> **BEISPIEL**     **Ungewollte PR für einen neuen Trikotsponsor**
>
> Der russische Energiekonzern Gazprom, damals in Deutschland ein unbekanntes Unternehmen, überraschte mit einem Trikotsponsoring beim deutschen Traditionsverein Schalke 04. Die Marke löste dabei den langjährigen Schalke-Sponsor Veltins ab, der dem Verein aber als Premiumpartner erhalten blieb. Für gewöhnlich ist solch ein „Trikotwechsel" in der Öffentlichkeit keine spektakuläre Sache. In den ersten Jahren muss der neue Trikotsponsor darum kämpfen, die gelernten Assoziationen mit dem alten

---

[5] Craik, F. I. / Tulving, E. (1975). Depth of processing and the retention of words in episodic memory, in: Journal of Experimental Psychology.

Sponsor abzubauen und sich selbst als Sponsor in Szene zu setzen. Bei Gazprom bekam dieser Wirkungsprozess überraschende Schützenhilfe. Die Presse monierte den Einfluss des ehemaligen Bundeskanzlers Gerhard Schröder beim Einfädeln dieses Sponsoringdeals. Bundesweit und über einem längeren Zeitraum berichteten die Medien intensiv über diesen Vorgang. Die Folge war ein starker Anstieg der Bekanntheit des Sponsorings, ungewöhnlich stark für ein neues Trikotsponsoring. Nachdem aus einer Imageperspektive zwar zunächst ein zweifelhafter Turbo für das Sponsoring aktiv war, kehrte aber nach einer gewissen Zeit wieder Ruhe um dieses Thema ein. Die Imageeffekte konzentrierten sich auf die Sportart Fußball und den Verein und kamen deutlich der Marke Gazprom zu Gute. Dies auf Basis einer hohen Bekanntheit der Sponsoringpartnerschaft.

### Intensive Auseinandersetzung mit der Sponsoringbotschaft

Eine besonders intensive Elaboration erfahren Sponsoringbotschaften, die von der Zielgruppe geradezu diskutiert werden. Beschäftigt sich der Konsument mit einer Sponsoringbotschaft derartig intensiv, dass er sich mit anderen darüber austauscht, so ist dies der dauerhaften Speicherung sehr zuträglich. Effekte dieser Art erreichen häufig die Namensgeber von Stadien, Arenen oder Vereinen sowie die exklusiven Trikotsponsoren im Fußball. Auch die neuen sozialen Medien im Internet (Social Media) wie Foren oder Blogs begünstigen diesen Effekt für Sponsoren. Sie sollten daher für das Sponsoring intensiv genutzt werden. Speziell die jeweiligen Vereins-Fans oder regionale Zielgruppen bei Namenssponsorings können so erreicht werden. Es bedarf aber oft eines Anstoßes von außen, um in den sozialen Medien eine Beschäftigung mit sponsernden Marken zu stimulieren.

### Storytelling im Sportsponsoring

Die Bedeutung der Elaboration der Sponsoringbotschaft für deren Speicherung im Gehirn begründet auch die Vorteile des Storytellings im Sportsponsoring. Gerade in den letzten Jahren wurde das Storytelling — auch unter dem Hype des Neuromarketings — als ein wesentlicher Pfeiler des Sponsorin-

# 4 Was erleichtert das Lernen einer Sponsoringbotschaft?

gerfolgs propagiert. Dies ist nicht falsch. Sorgt eine stringente, glaubhafte und leicht nachvollziehbare Geschichte rund um das Sponsoring doch für ein leichteres und nachhaltigeres Speichern der Sponsoringbotschaft auf Basis einer elaborierteren Verarbeitung im Arbeitsgedächtnis. Es ist daher für jeden Sponsoringverantwortlichen empfehlenswert, sich Gedanken über solch eine „Core-Story" rund um das eigene Sponsoring zu machen. Weitaus schwieriger ist es natürlich, diese „Sponsoring-Story" zu den Konsumenten zu transportieren. Hier reichen übliche Werbemittel im Sponsoring meist nicht aus — aufgrund der schon diskutierten eingeschränkten Möglichkeit, komplexe Botschaften zu platzieren. Auch beim Storytelling fällt der begleitenden PR oder auch klassischer Werbemaßnahmen mit einem Bezug zur „Sponsoring-Story" eine besondere Bedeutung zu. Zusätzlich können die eigenen Webseiten der sponsernden Marken und die Seiten der Gesponserten zu diesem Zweck genutzt werden. Das virale Marketing in den sozialen Medien unterstützt weiterhin die Verbreitung und Elaboration der Sponsoringbotschaft bzw. der Sponsoring-Story.

**Förderung der Dopaminproduktion**

Ein anderer neurologischer Aspekt, der die explizite Speicherung der Sponsoringbotschaft unterstützt, ist das Dopamin. Dopamin ist ein Neurotransmitter, der in den corticalen Strukturen das Speichern von Informationen begünstigt. Das Gehirn produziert Dopamin, wenn es besonders angeregt bzw. gespannt ist (wie bei einem spannendem Sportgeschehen) oder wenn Überraschendes oder Neuartiges wahrgenommen wird. Gerade Neuartiges kann hilfreich sein, um die Aufmerksamkeit der Rezipienten auf die Sponsoringbotschaft zu richten und durch die Produktion von Dopamin den Speicherprozess zu unterstützen. Wie wir bereits diskutiert haben, ermöglichen digitale Bandensysteme es, auch neuartige oder überraschende Sponsoringbotschaften zu gestalten. Aber auch klassische Sponsoringinstrumente können mit neuartigen Botschaften versehen werden. Hier ist die Kreativität der beratenden Sponsoringagenturen gefragt.

Die zweite Wirkungsstufe: Speicherung der Sponsoringbotschaft

### Vernetzte Verankerung der Botschaft

Zur besseren Speicherung der Sponsoringbotschaft sollte auch eine möglichst vernetzte Codierung in den verschiedenen Arealen des Cortex angestrebt werden. Die Abspeicherung und vor allem auch der Abruf der Sponsoringbotschaft werden durch diese vernetzte Verankerung der Botschaft sehr begünstigt. Je mehr neuronale Strukturen die Sponsoringbotschaft in den verschiedenen Bereichen des deklarativen Gedächtnisses repräsentieren, umso leichter können neue Informationen in dieses Netzwerk integriert werden. Die Sponsoringbotschaft sollte daher in möglichst vielen Kontakten mit leicht variierenden Kontexten dargeboten werden, der Grundkontext (z. B. Fußball oder Wintersport) sollte aber konstant gehalten werden.

### Kontinuität der Reizsetzung im Sponsoring

Dies tangiert auch einen Weiteren wichtigen Aspekt bei der Speicherung der Sponsoringbotschaft, nämlich die Anzahl oder auch Quantität der Kontakte mit dieser Botschaft. Je mehr die Kontakte über einen langen Zeitraum ausgedehnt realisiert werden können, umso besser und nachhaltiger wird die Sponsoringbotschaft gespeichert. Massive Kontakte in einem kurzen Zeitfenster führen zu einem langfristig geringeren Lernerfolg mit nur wenig Nachhaltigkeit. Die bereits auf die frühen Studien des Psychologen Hermann Ebbinghaus zurückgehende ideale Lernkurve ist auch für das Sportsponsoring bedeutsam.[6]

---

[6] Hermann Ebbinghaus (1850–1909) war ein deutscher Psychologe.

# 4 Was erleichtert das Lernen einer Sponsoringbotschaft?

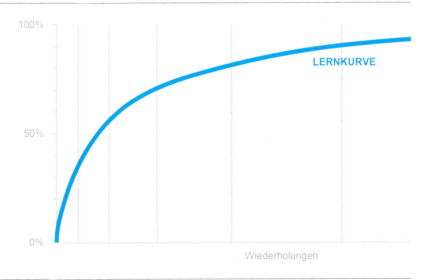

Abb. 17: Die idealisierte Lernkurve nach Ebbinghaus

So ist es zielführender, ein Sponsoring einzugehen, welches über das Jahr hinweg eine relativ kontinuierliche Reizsetzung verspricht (wie z. B. in der Fußball-Bundesliga) als sich auf einem Sportevent zu engagieren, welches nur für wenige Tage oder Wochen in den Medien zu finden ist, um dann wieder aus der Berichterstattung und den Köpfen der Zielgruppe zu verschwinden. Daraus wird häufig die Empfehlung für saisonal sponsernde Marken abgeleitet, in der außersaisonalen Zeit durch andere Sponsorships eine Kontinuität der Reizsetzung zu erreichen. Dieser gut gemeinte Rat ist aber durchaus mit Vorsicht zu genießen. So könnte eine Marke, die im Wesentlichen im Wintersport präsent ist, die Empfehlung bekommen, auch eine Sommersportart zu unterstützen. Dies würde zweifelsohne zu mehr Kontinuität in der Reizsetzung für diese Marke führen. Auf der anderen Seite transportiert der Wintersport ein völlig anderes Bedeutungsmuster für die Marke, als es eine Sommersportart tut. Die Folge könnte eine Konfusion der Markenbotschaft bei den Konsumenten sein und damit eine deutlich geringere bzw. kontraproduktive Wirkung. Die Kontinuität einer Reizsetzung im Sponsoring sollte also angestrebt werden, es muss aber darauf geachtet werden, dass die dafür eingesetzten Sponsorships einen weitestgehend gleichbleibenden Rahmen bilden.

Die zweite Wirkungsstufe: Speicherung der Sponsoringbotschaft

Ein weiterer Grund für den höheren Erfolg der kontinuierlichen Reizsetzung im Sportsponsoring ist aus neuropsychologischer Sicht die kontextspezifische Speicherung. Wie wir oben gesehen haben, entscheidet auch der Kontext des Lernens, wo eine Information im Gehirn neuronal abgelegt wird, darüber hinaus werden auch Kontextinformationen mit gespeichert. Dies führt dazu, dass die Sponsoringbotschaft in unterschiedlichen Bereichen des Cortex gespeichert wird, diese aber stark vernetzt werden, was Speicherung und Abruf der Botschaft erleichtern. Die Kontextinformationen bleiben aber meist unbewusst.

**Konkurrierende Reize beeinträchtigen die Speicherung**

Äußerst schädlich für die explizite Speicherung der Sponsoringbotschaft ist dagegen eine starke Belastung des Arbeitsgedächtnisses durch andere Reize. Dies ist im Sport entweder ein sehr dynamischer Spielverlauf oder die Präsenz zahlreicher anderer werblicher, dominanter Reize. Im Kontext eines Fußballsponsorings können dies z. B. turbulente Szenen vor dem Tor sein, die konzentriert verfolgt und verarbeitet werden, aber die Aufnahme und Speicherung der gleichzeitig präsenten Sponsoringbotschaft erschweren. Starke Ablenkungen während der Rezipienz führen demnach zu Defiziten in der Speicherung. Die Sichtbarkeit der Sponsoringbotschaft in ruhigeren Spielszenen führen zu einer deutlich größeren Speicherwahrscheinlichkeit beim Rezipienten. Problematisch sind auch zeitgleich präsente Werbereize. Auch diese mindern die Wirkung der jeweils anderen signifikant.

## 4.5 Das implizite Lernen der Sponsoringbotschaft

Im vorherigen Abschnitt haben wir gesehen, welche Voraussetzungen dem expliziten Lernen einer Sponsoringbotschaft zugrunde liegen. Neben der bewussten Aufmerksamkeit auf die Botschaft ist es deren Relevanz aus Sicht des Wahrnehmenden sowie deren möglichst elaborierten Verarbeitung im Arbeitsspeicher. Es wird schnell deutlich, dass die meisten Kontakte mit Sponsoringbotschaften wahrscheinlich nicht diesen Grundbedingungen des Lernens entsprechen. Kann zwar explizites Lernen einer Sponsoringbotschaft durchaus stimuliert werden — einige Beispiele wurden oben erläutert —, so ist dennoch zu konstatieren, dass die große Mehrheit der Sponsoringkontakte auf Banden, Ausrüstungsgegenständen, Trikots oder Rennwagen weder die fokussierte Aufmerksamkeit der Rezipienten finden noch von persönlicher Relevanz sind. Auch die Verarbeitungstiefe im Arbeitsspeicher ist wohl als gering anzunehmen. Wer denkt schon länger darüber nach, warum er gerade Coca-Cola auf der Stadionbande gesehen hat. Eindrücke dieser Art sind im günstigsten Fall flüchtig und werden mental nicht weiter reflektiert bzw. elaboriert. Eine bewusste Erinnerung an das Sponsoring ist folglich bei solchen Kontakten auch nicht oder nur sehr eingeschränkt zu erwarten. Bedeutet dies aber, dass diese Sponsoringkontakte wirkungslos sind? Oder mit anderen Worten: dass sie nicht ihren Weg in den Langzeitspeicher der Rezipienten finden?

Dies muss nicht der Fall sein. Denn Menschen sind, wie wir oben gesehen haben, nicht nur mit einem expliziten deklarativen Speicher ausgestattet, sie lernen auch implizit. Und heute weiß die Forschung, dass gerade das implizite Lernen von einer herausragenden Bedeutung ist. Wie werden Sponsoringbotschaften aber implizit gelernt? Und welche Bedeutung hat dieses implizite Lernen für die Wirkung der Sponsoringbotschaft?

**Merkmale des impliziten Lernens**

Das implizite Lernen findet in anderen Hirnregionen statt als das explizite Lernen (vgl. Kapitel 4.2). Es ist auch weitestgehend unabhängig von der zentralen Steuerung über den Hippocampus. Ein wesentliches Merkmal ist aber, dass es meist ohne oder mit nur sehr wenig Bewusstheit stattfindet. Wir lernen implizit quasi im Vorbeigehen, ohne viel Aufmerksamkeit oder Bewusstheit. Zentral für das implizite Lernen ist lediglich die Exposition der Reize, in unserem Fall die Sponsoringbotschaft, in ausreichender Klarheit und Wiedererkennbarkeit. Dabei ist die Kapazität des impliziten Lernens extrem hoch. Anders als der Arbeitsspeicher, dessen begrenzte Kapazität wir bereits kennengelernt haben, ist der implizite Speicher nicht von derartigen Limitationen betroffen. Von besonderer Bedeutung ist auch, dass implizit Gelerntes offensichtlich sehr dauerhaft und ohne das Phänomen des Vergessens ist.

> **BEISPIEL** **Experiment zur Dauerhaftigkeit des impliziten Gedächtnisses**
>
> Ein klassisches Experiment vom renommierten Gedächtnisforscher Schacter und seinem Kollegen Tulving zeigte dies eindrucksvoll.[7] Schacter und Tulving zeigten ihren Probanden Wortlisten, die sie sich ansehen sollten. Daraufhin zeigten die Forscher neue Wortlisten mit neuen, aber auch bereits gezeigten Wörtern darin. Die Probanden sollten angeben, an welche Wörter sie sich noch erinnern können. Hier war also klassisches explizites Lernen gefragt. Im Anschluss arbeiteten die Probanden aber noch an einem Wortergänzungstest. Dieser wurde ganz klar von den zuvor gesehenen Wörtern, auch wenn sie nicht bewusst erinnert wurden, stark beeinflusst. Man bezeichnet dies auch als Priming. Dieser Effekt zeigte sich bei den Probanden interessanterweise auch noch nach Wochen. Gingen die expliziten Erinnerungen mit der Zeit deutlich zurück, so blieb das implizite „Erinnern" nahezu unverändert. Dies zeigt deutlich die enorme Dauerhaftigkeit des impliziten Gedächtnisses.

Man nimmt an, dass beim impliziten Lernen die Informationen direkt vom Ultrakurzzeitgedächtnis oder dem sensorischen Speicher, wo sie zu komplexen Wahrnehmungen vorverarbeitet werden, in das implizite Gedächtnis gelangen. Dabei entlastet das implizite Lernen häufig höhere corticale Strukturen. Mit Hilfe der fMRT-Technik konnte herausgefunden werden, dass beim impliziten Lernen, wie etwa dem Priming-Effekt, corticale Aktivitäten abnehmen. Diese „kortikale Entlastung" konnte auch bei spontanen Markenentscheidungen beobachtet werden. Verlassen sich Konsumenten bei ihrer Markenwahl auf ihre Intuition, werden kortikale Prozesse in der Entscheidungssituation zu Gunsten subkortikaler Verarbeitung zurückgefahren. In solch einem Fall siegt in der Regel die Lieblingsmarke. Und dass diese Marke die Lieblingsmarke ist, wurde implizit gelernt!

---

[7] Schacter, D. L. (1996). Searching for memory. New York. Basic Books.

# 4 Das implizite Lernen der Sponsoringbotschaft

**Häufige Wiederholung der Botschaft**

Beim impliziten Lernen kommt es anders als beim expliziten Lernen nicht auf die Elaboration der Botschaft durch den Rezipienten an, nicht auf die Verarbeitungstiefe. Bedeutend ist beim impliziten Lernen eine häufige Wiederholung der Botschaft. Sie muss sozusagen mit hoher Frequenz in das Gehirn der Konsumenten „gehämmert" werden. Dabei muss sie allerdings „unter dem Radar fliegen", d. h. nicht in die explizite Verarbeitung geraten. Gerade dort könnte diese hochfrequente Darbietung zu deutlichen Reaktanzen (Abwehrreaktionen) und einer negativen Einstellung der werbenden Marke gegenüber führen. Hier bietet das Sponsoring sehr gute implizite Wirkbedingungen.

**Konstante Darbietung der Botschaft**

Ein weiterer bedeutsamer Faktor für implizites Lernen einer Werbebotschaft ist die stetig konstante Darbietung der Botschaft. Änderungen in der Gestaltung oder Anmutung führen zu einer deutlichen Erschwerung des impliziten Lernens. Eine periphere und mit wenig fokussierter Aufmerksamkeit immer wieder dargebotene visuell konstante Werbebotschaft sollte implizit am besten wirken. Sponsoring erfüllt meist genau diese Kriterien. Häufig werden Sponsoringbotschaften daher implizit gelernt. Die Folge ist, dass sie zwar bewusst nicht erinnert werden können, zum Beispiel in einer Befragungssituation, wenn der Konsument „Opfer" der Marktforschung geworden ist, sie aber implizit in einer konkreten Konsumsituation verhaltenswirksam werden kann. Dabei zeigt sich das implizite Lernen subjektiv im Konsumentenerleben nicht als Wissen wie im deklarativen Faktengedächtnis, sondern vielmehr als Präferenz, als ein Gefühl der positiven Haltung der Marke gegenüber. Ein Weg der impliziten Wirkungsmessung ist tatsächlich die Messung von Präferenzen, nicht die Messung von Wissen. Wir werden im Kapitel über die Ansätze der Sponsoringwirkungsforschung noch einmal darauf zurückkommen.

Für den Abruf impliziten Wissens, welches sich in Konsumpräferenzen äußert, ist eine möglichst starke Kongruenz zwischen dem implizit Gelerntem — der Marke, dem Logo oder anderer über das Sponsoring transportierter Botschaften — und den Cues, das heißt den Hinweisreizen am POS (Point-of-Sale) von Bedeutung. Auch Kontextinformationen begünstigen den Abruf impliziten

Wissens. Es macht daher Sinn, das Sponsoring mit Bildern oder Key-Visuals am POS oder auf der Produktverpackung zu aktivieren. Diese Hinweisreize unterstützen den Konsumenten in seiner implizit gesteuerten Wahl für eine Marke.

**Störfaktoren für implizites Lernen**

Aktuelle Studien zeigen, dass das implizite Lernen nicht *ganz* unabhängig vom Arbeitsspeicher ist. So konnte herausgefunden werden, dass eine Belastung des Arbeitsspeichers auch das implizite Lernen negativ beeinflusst. Allerdings nicht in dem Ausmaß, wie es das explizite Lernen stört. Ein weiterer Störfaktor für implizites Lernen ist eine zeitgleich hohe Anzahl konkurrierender Werbereize während der Informationsaufnahme. Auch dies limitiert die implizite Werbewirkung.

Für das implizite Lernen einer Markenbotschaft ist auch das Wiedererkennen von Relevanz. Unbekannte Marken können implizit nicht gespeichert werden, da ihre visuellen Muster noch keine Einheit im lernenden Gehirn bilden, die neuronal einem entsprechenden Markennetzwerk zugeordnet sind. Es ist anzunehmen, dass in diesem Fall eher die visuelle Struktur der Marke gelernt wird, dieser aber noch keine Bedeutung zugewiesen wird. Aber das allein kann ein erster Schritt in einer umfassenderen Markeneinführungsstrategie sein. Das Sponsoring ebnet sozusagen den Weg für die visuelle Codierung der Marke, indem es implizit mit der visuellen Struktur vertraut macht. Diese Struktur mit Bedeutung zu füllen, ist dann Aufgabe nachgelagerter klassischer Werbe- und Kommunikationsmaßnahmen.

**Wie komplex dürfen Werbebotschaften für implizites Lernen sein?**

Uneins ist sich die Forschung derzeit, wie komplex Werbebotschaften sein dürfen, damit sie noch implizit gelernt werden können. Einige Autoren nehmen an, dass implizites Lernen nur bei einfachen werblichen Botschaften (wie etwa einem Logo oder einem Markennamen) möglich ist. Andere Studien legen den Schluss nahe, dass auch komplexe Botschaften und deren Bedeutungen implizit analysiert und gespeichert werden können. Eine viel zitierte

Studie ist von Vaidya und seinen Kollegen.[8] Er untersuchte implizite Gedächtniseffekte an Amnesiepatienten, deren explizite Erinnerungsleistungen gering waren. Anders sah dies bei impliziten Gedächtnistests aus. Hier zeigten sich gleiche Erinnerungsleistungen wie bei gesunden Probanden. Das Spannende an dieser Studie war allerdings, dass diese Effekte auch bei Aufgabenstellungen des konzeptionellen Gedächtnisses feststellbar waren. Gedächtnisleistungen, die also auch Sinn und Bedeutung der gelernten Reize berücksichtigten. Den Forschern gelang damit der Beleg, dass das implizite Gedächtnis auch die Bedeutung von Reizen verarbeiten kann und nicht nur strukturelle Merkmale einer Botschaft. Also auch komplexere werbliche Botschaften können implizit wirken und gespeichert werden — dies ohne Beteiligung des Bewusstseins.

Zusammenfassend lässt sich festhalten, dass Sponsoringbotschaften sowohl explizit wie implizit ihren Weg in das Gedächtnis der Konsumenten finden können. Beide Lernmechanismen beruhen auf unterschiedlichen neuronalen Strukturen und folgen unterschiedlichen Lerngesetzen. Sie äußern sich auch auf unterschiedlichen Wirkungsebenen. **Das explizite Lernen führt zu Markenwissen, das implizite Lernen zu Markenpräferenzen.** Gerade das Sponsoring begünstigt das implizite Lernen von Marken und Markenbotschaften. Explizites Lernen einer Sponsoringbotschaft erfordert meist sehr dominante Werbemittel im Sport (z. B. einem Trikot- oder Namensrechtssponsoring oder ein Teamsponsoring) oder eine starke Vernetzung und Aktivierung mit klassischen Kommunikationsmitteln und PR. Implizites Lernen der Sponsoringbotschaft findet auch bei peripheren Expositionen der Werbebotschaft sowie einem Low-Level-Processing von Seiten der Konsumenten statt.

---

[8] Vaidya, C. J. / Gabrielli, J. D. E. / Keane, M. M. / Monti, L. A. (1995). Perceptual and conceptual memory processes in global amnesia. Journal of Neuropsychology.

# 5 Die dritte Wirkungsstufe: Markenwirkung der Sponsoringbotschaft

In den vorangegangenen Kapiteln wurden die Grundlagen der Wirksamkeit von Sportsponsoring detailliert diskutiert. Ausgehend von der Exposition der Sponsoringbotschaft (auf dem Event, in den Ankündigungsmedien oder den Massenmedien) wurde die Wahrnehmung der Sponsoringbotschaft als erster bedeutender Wirkungsschritt erörtert. Dabei wurde sowohl die Bedeutung der fokussierten Aufmerksamkeit als auch der peripheren und impliziten Wahrnehmung herausgestellt. Auch die Speicherung der Sponsoringbotschaft als notwendige Bedingung für eine nachhaltige Wirksamkeit des Sponsorings wurde erörtert sowie die Bedingungen dargestellt, die diese begünstigen. Des Weiteren wurde zwischen der expliziten und der impliziten Speicherung der Sponsoringbotschaft differenziert. In diesem Kapitel soll nun die konkrete Wirkung des Sportsponsorings diskutiert werden. Dabei steht die Wirkung des Sponsorings auf die sponsernde Marke im Vordergrund, also jene Wirkung die letztlich auch von den Sponsoren angestrebt wird. Was leistet das Sponsoring, um das Profil einer Marke zu beeinflussen und die Konsumrelevanz zu steigern? Und welche Bedingungen fördern die Wirksamkeit von Sportsponsoring auf die werbenden Marken?

Zunächst wird auf die Wirkung der reinen Exposition der Sponsoringbotschaft eingegangen (Kapitel 5.1). Im Anschluss wird der Einfluss des Sponsorings auf die Markenbekanntheit untersucht. (Kapitel 5.2). Häufig geben Sponsoren an, die Markenbekanntheit durch ein Sponsoring erhöhen zu wollen. Aber auch die Bedeutung der Markenbekanntheit für die Sponsoringwirkung selbst wird diskutiert. Dann stehen die im Sponsoring weit verbreiteten Kommunikationsziele „Markenemotionalisierung" (Kapitel 5.3). und „Imagetransfer" (Kapitel 5.4). im Vordergrund der Ausführungen. Es wird kritisch hinterfragt, ob Sponsoring überhaupt emotional wirken kann und wie und unter welchen Bedingungen ein Imagetransfer erreicht wird. Abschließend wird die Frage behandelt, welche Bedeutung Sportsponsoring für den konkreten Abverkauf von Marken und Produkten haben kann (Kapitel 5.5). Hilft Sponsoring auch zu verkaufen? Und wie macht Sponsoring das?

## 5.1 Wirkung der puren Exposition der Sponsoringbotschaft – der Mere-Exposure-Effekt

Bereits 1968 führte der Wissenschaftler Richard Zajonc ein interessantes Experiment durch.[1] Er zeigte seinen Versuchspersonen sinnlose Buchstaben und Wörter (z. B. chinesische Schriftzeichen oder türkische Begriffe, die sie — aus einem anderen Kulturkreis kommend — nicht kennen konnten). Dies in einer solchen Menge, dass ein schlichtes Merken dieser Schriftzeichen und Wörter nicht möglich war. In der Folge waren die Versuchsteilnehmer auch nicht in der Lage, die gezeigten Zeichen und Wörter frei zu erinnern oder zuverlässig wiederzuerkennen. Dennoch konnte Zajonc etwas Erstaunliches feststellen. Fragte er die Teilnehmer nämlich nicht nach den Inhalten des Erinnerten, sondern nach ihrer subjektiven Einstellung den vermeintlich sinnlosen Zeichen gegenüber, so fand er bei den vorher gezeigten Zeichen eine positivere Einstellung unter den Probanden verglichen mit Zeichen, die zuvor noch nicht gezeigt wurden. Er schloss daraus, dass die reine Darbietung von Wörtern oder Symbolen, auch wenn sie für den Rezipienten keine weitere Bedeutung haben und auch keine bewusste Erinnerung an den vorherigen Kontakt vorliegt, dennoch einen positiven Einfluss auf die Beurteilung dieser Reize hat. In seinen Versuchsreihen stellte er fest, dass dieser Effekt sich mit zunehmender Wiederholung der Stimulusexposition verstärkte: Je häufiger die Reize gezeigt wurden, umso positiver war die Einstellung diesem Reiz gegenüber. Diesen Effekt bezeichnete er folgerichtig als Mere-Exposure-Effekt, der Wirkung der bloßen Darbietung. Der Zusammenhang ist dabei nicht immer linear (wie in Abbildung 18 idealtypisch abgebildet), sondern wird mit hoher Darbietungszahl degressiv. Mit zunehmender Exposition schwächt sich der Effekt leicht ab. Er bleibt aber positiv.

---

[1] Zajonc, R. B. (1968). Attitudinal effects of mere exposure, in: Journal of Personality and Social Psychology. Monograph Supplement.

# 5 Wirkung der puren Exposition der Sponsoringbotschaft – der Mere-Exposure-Effekt

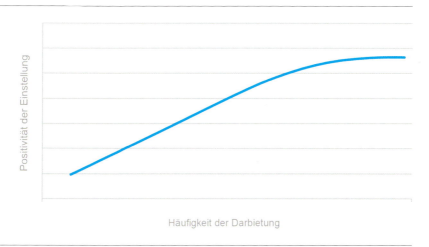

Abb. 18: Typischer Verlauf der Effektstärke des Mere-Exposure-Effekts

In späteren Experimenten konnten Zajonc und seine Mitarbeiter den Mere-Exposure-Effekt auch bei „unterschwellig" dargebotenen Reizen belegen. Dies unterstützt die Annahme, dass dieser Effekt auch bei unbewusst verarbeiteten Reizen wirksam wird. Tatsächlich ging Zajonc davon aus, dass „Mere Exposure" stärker unbewusst als bewusst wirkt. Damit widersprach er deutlich der damals vorherrschenden Ansicht, dass Einstellungsänderungen allein aufgrund von bewussten kognitiven Prozessen möglich sind, ein frühes Postulat der kognitiven Wende in der experimentellen psychologischen Forschung. Heute ist bekannt — auch aufgrund der neurowissenschaftlichen Kognitionsforschung —, dass kognitive Prozesse häufig unbewusst ablaufen und dennoch Präferenzen beeinflussen können.

## Erklärungsansätze für den Mere-Exposure-Effekt

Es gibt unterschiedliche Erklärungsansätze für den Mere-Exposure-Effekt. Grundsätzlich wird davon ausgegangen, dass die zugrunde liegenden neuronalen Speichermechanismen bereits auf der sensorisch-cortikalen Ebene stattfinden, also noch vor dem bewussten Arbeitsspeicher in den präfrontalen Strukturen des Gehirns. Bereits dort werden die Mustereigenschaften des Reizes abgelegt und führen bei wiederholter Wahrnehmung zu einer leichteren Verarbeitung. Dies wird als *perceptional fluency* bezeichnet. Diese leichtere sensorische Verarbeitung wird emotional positiver erlebt als die Verarbeitung neuer Stimuli. Die Präferenz diesem Reiz gegenüber steigt. Ein anderer Erklärungsansatz postuliert einen evolutionären Ursprung, welcher der überlebenssichernden Verhaltenssteuerung dient. Bekannte Reize empfinden wir als vertrauter und vertrauenerweckender als unbekannte. Wir haben ja die vergangene Exposition offensichtlich unbeschadet überstanden. Daher ist es sinnvoll, den Organismus Bekanntes aufsuchen zu lassen und Unbekanntes eher zu meiden. Ein neuronaler Mechanismus, welcher sich im Mere-Exposure-Effekt äußert, kann hier ein bedeutsames Regulativ für den Organismus sein, welches ihm hilft, in der Umwelt zu überleben.

**Bedeutung des Mere-Exposure-Effekts für das Sportsponsoring**

Der Mere-Exposure-Effekt zählt zu den robustesten experimentell herstellbaren psychologischen Wirkeffekten in der Forschung. Er stellt auch ein grundlegendes Prinzip der Wirksamkeit von Sportsponsoring dar. Gerade im Kontext der werblichen Präsenz bei Sportveranstaltungen erfahren Marken häufig eine immer wiederkehrende Exposition dem Publikum gegenüber. Darüber hinaus sind die werblichen Kontakte oft eher peripher und implizit, die Markenbotschaft wird eher unbewusst als bewusst wahrgenommen. Beides begünstigt den Mere-Exposure-Effekt. Sponsoring sorgt daher aufgrund der häufigen Botschaftsexposition für eine stetige Entwicklung einer positiven Haltung der Marke gegenüber. Die Marke bleibt aktuell und vertraut.

Die optimale Ausschöpfung des Mere-Exposure-Effekts erfordert eine kontinuierliche Exposition der Markenbotschaft mit einer größtmöglichen Konstanz der Botschaftsgestaltung. Ein Wear-Out-Effekt ist dabei in der Literatur nur sehr selten und bei extrem hohen Wiederholungszahlen der Botschaftsexposition zu finden. Die Expositionen sollten auch nicht zu schnell aufeinander folgen. Eine gewisse Zeitspanne zwischen den Expositionen scheint wirkungsförderlich zu sein. Eine zu fokussierte Aufmerksamkeit und kognitive Reflektion der Sponsoringbotschaft erscheint aber als eher hinderlich für den Mere-Exposure-Effekt — so zumindest die experimentellen Befunde. Positiv für Sponsoren ist sicherlich, dass „Mere Exposure" ein höchst automatisierter Effekt ist, dem sich der Rezipient kaum entziehen kann.

**Grenzen des Mere-Exposure-Effekts**

Es gibt aber auch Grenzen des Mere-Exposure-Effekts im Kontext des Sportsponsorings. So wurden in den klassischen Experimenten von Zajonc und vieler seiner Nachfolger die visuellen Stimuli frei von Kontextreizen dargeboten. Das Sportumfeld ist allerdings das genaue Gegenteil davon. Neben den Sponsoringbotschaften sind immer auch zahlreiche ablenkende Reize präsent, vor allem das konkrete — und häufig mit Spannung verfolgte — Sportgeschehen. Studien belegen, dass auch der Mere-Exposure-Effekt unter zu vielen zeitgleich präsenten Reizen leidet (so auch gleichzeitig präsenter Werbebotschaften anderer Sponsoren). Zum anderen findet sich der Mere-Exposure-Effekt besonders zuverlässig bei sinnlosen Reizen (z. B. Wörter, Symbole, Bilder). Tatsächlich sind im Sport häufig Marken präsent, die für die Rezipienten alles andere als sinnlose Reize sind. Im Gegenteil sind sponsernde Marken häufig bereits mit einem klaren Profil und einer komplexen Bedeutungsstruktur belegt. Für diese Marken ist „Mere Exposure" nur ein sehr grundlegender Wirkmechanismus, welcher wohl von untergeordneter Bedeutung ist. Unbekannte Marken sollten hier deutlich stärker vom Effekt der bloßen Darbietung profitieren.

Der Mere-Exposure-Effekt stellt einen sehr grundlegenden Wirkmechanismus dar, der aber aufzeigt, dass allein die Präsenz der Marke durch das Sponsoring einen positiven Einfluss auf die Markenwahrnehmung und vor allem die Markenpräferenz haben kann. Gerade bei Produkten im Low-Involvement-Bereich, den schnell drehenden Konsumgütern, bei denen spontane Markenentscheidungen durch die Konsumenten von entscheidender Bedeutung sind, schafft die kontinuierliche Markenpräsenz über das Sportsponsoring eine wichtige Grundlage für den Markenerfolg. Doch „Mere Exposure" ist nur ein Aspekt der Markenwirksamkeit, welcher durch andere Wirkmechanismen ergänzt wird. Darüber wird in den kommenden Abschnitten zu berichten sein.

## 5.2 Einfluss des Sponsorings auf die Markenbekanntheit

Ein häufig genanntes kommunikatives Ziel von Sportsponsoren ist die Steigerung der Markenbekanntheit. Dies erscheint auch plausibel, besteht in den meisten Fällen die Sponsoringbotschaft doch aus der puren Exposition der werbenden Marke. Aus der Forschung ist jedoch bekannt, dass Sponsoren mit einem schon stark ausgeprägten Markenbild deutliche Wirkungsvorteile gegenüber eher unbekannten Marken haben. Besonders deutlich wird dies bei der Übertragung internationaler Sportevents, in denen auch Marken präsent sind, die im heimischen Markt gänzlich unbekannt sind. Auch nachhaltig gestützt sind bei diesen Marken kaum Sponsoringerinnerungen bei den Rezipienten messbar. Häufig wird daraus abgeleitet, dass unbekannte Marken im Sponsoring keine adäquate, sprich wirkungsvolle, Werbemöglichkeit finden. Auf der anderen Seite kann durch Sponsoring eine hohe Kontaktzahl mit der neuen Marke realisiert werden. Dies sollte doch die Bekanntheit der Marke — zumindest in der Rezipientengruppe des jeweiligen gesponserten Events — deutlich steigern können.

**Neuronale Prozesse beim Erkennen der Marke**

Um diese Frage klären zu können bedarf es einer genaueren Betrachtung der neuronalen Prozesse bei der Aufnahme der Markenbotschaft und deren Speicherung. Bereits in Kapitel 3 über die Wahrnehmung der Sponsoringbotschaft haben wir die Voraussetzungen für das Erkennen einer Marke kennengelernt. Aus der Gestaltpsychologie ist dabei das Gesetz der guten Gestalt von besonderer Bedeutung. Das neuronale Wahrnehmungssystem strebt danach, den visuellen Raum in Figur und Grund zu zerlegen. Es differenziert zwischen Objekten (den Figuren) und dem Hintergrund. Wesentlich sind daher das Identifizieren der Marke im visuellen Raum und die damit einhergehende Hervorhebung vom Grund zu einer abgeschlossenen Gestalt. Dabei greift das Wahrnehmungssystem auf Informationen im assoziativen Cortex zurück, also auf bereits gelernte Wahrnehmungsmuster. Ist eine Marke bereits bekannt, so fällt es leichter, sie als Gestalt wahrzunehmen und wiederzuerkennen. Dieses Wiedererkennen findet als eine Art Matching-Prozess statt. Gespeicherte Struktureigenschaften im assoziativen Cortex werden mit den Wahrnehmungssignalen im visuellen Cortex verglichen (also „gematcht") und bei ausreichender Übereinstimmung „erkannt". Diese neuronalen Prozesse finden innerhalb von Millisekunden statt und sorgen für das, was wir als einen bewussten visuellen Eindruck erleben. Das bewusste Erleben ist dabei Folge eines neuronalen Konstruktionsprozesses. Deutlich wird dies bei visuellen oder anderen sensorischen Täuschungen oder den so genannten Kippbildern.

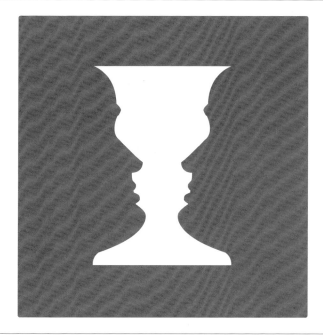

Abb. 19: Zwei Gesichter oder eine Vase? Das Gehirn kann in einem gegebenen Moment immer nur eine Interpretation im Bewusstsein aufrechterhalten.

Was bedeutet dies nun für die Wahrnehmung der Sponsoringbotschaft im Sportkontext? Bekannte und in den assoziativen corticalen Arealen der Rezipienten klar und stark vernetzte Markenbilder haben eine deutlich höhere Wahrscheinlichkeit im Umfeld eines Sponsorings auch tatsächlich erkannt zu werden und erneut das Markennetzwerk zu aktivieren — und damit neue Lernprozesse nach sich zu ziehen. Dies beschreibt auch die Problematik einer unbekannten Marke im Sponsoringkontext. Aufgrund der peripheren Positionierung der Markenbotschaft und der eher nicht fokussierten Aufnahme scheitern diese Marken häufig bereits daran, als Figur sich vom Wahrnehmungshintergrund abzuheben. Des Weiteren finden sie keinen Anschluss an entsprechende assoziativen Markennetzwerke, eine nachhaltige Speicherung findet nicht statt.

**Sponsoring ein wirkungsvolles Werbemittel für unbekannte Marken?**

Muss unbekannten Marken daher von einem Engagement im Sport abgeraten werden? Obwohl Sponsoring für unbekannte Marken ein schwieriges werbliches Umfeld darstellt, kann im Rahmen einer integrierten Werbestrategie Sponsoring durchaus sinnvoll für Markenneueinführungen und Markenaufbau sein. Speziell eine hohe Kontaktfrequenz mit der Sponsoringbotschaft hilft mit den visuellen Eigenschaften der neuen Marke vertraut zu machen. Zunächst werden die visuellen Eigenschaften eines Schriftzuges oder Logos gelernt und im visuellen Cortex gespeichert. Bei wiederholter Darbietung auch in den assoziativen corticalen Arealen. Dies allerdings ohne ein komplexes Bedeutungsmuster. Hier muss die klassische Werbung aushelfen. Das komplexe Markennetzwerk muss über werbliche Kontakte entstehen, die geeignet sind, die Marke mit Bedeutung aufzuladen.

Eine Vernetzung klassischer Werbemittel mit Sportsponsoring kann dabei eine sehr zielführende Kombination sein — auch vor dem Hintergrund einer Markenneueinführung. Die Marke E.ON hat dies erfolgreich vorgemacht. Aufgrund der Liberalisierung des Strommarktes war es nötig geworden, auch Energiedienstleistungen wie Marken zu verkaufen und zu bewerben. Der hohe Grad an Vernetzung der einzelnen kommunikativen Bausteine der E.ON-Markenstrategie, die klare Markenbotschaft mit dem prägnanten Schriftzug und der einheitlichen roten Farbe (auch in Abgrenzung zu Wettbewerberfarben wie dem gelben Yello-Strom und der blauen RWE) sowie der Nutzung starker Sportmarken wie dem FC Bayern München und Borussia Dortmund (eine damals einmalige Kombination mit starker Aufmerksamkeitswirkung) sorgten für einen schnellen und nachhaltigen Markenaufbau, dies auch speziell aufgrund der vielen Kontakte, die über das Sponsoring in kürzester Zeit realisiert werden konnten.

# 5 Einfluss des Sponsorings auf die Markenbekanntheit

**Entwicklung der Markenbekanntheit**

Die Markenbekanntheit kann durch ein Sponsoring häufig sehr schnell positiv verändert werden. Die rasantesten Steigerungsraten finden häufig innerhalb der ersten drei Jahre eines Engagements statt. Dann zeigt die Lernkurve eine deutliche Abflachung bis hin zu einer Stagnation. Nach diesem Zeitraum kann das gewählte Sponsoring häufig keine weiteren steigernden Wirkungsimpulse mehr setzen, zumindest wenn es um die reine Markenbekanntheit geht. Dies kann ein Indiz für die Notwendigkeit sein, das Engagement zu verstärken oder durch andere Sponsoringfelder auch andere Zielgruppen mit der Markenbotschaft anzusprechen.

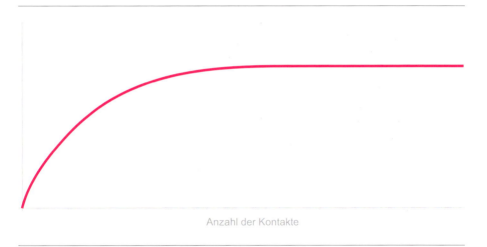

Abb. 20: Idealisierte Lernkurve im Sponsoring (explizites Lernen)

Zeigt sich eine Stagnation der Entwicklung der Markenbekanntheit, so muss dies allerdings noch kein Grund sein, das Sponsoring in Frage zu stellen. Die Steigerung der Markenbekanntheit über ein Sponsoring ist für viele sponsernden Marken nur ein kommunikatives Ziel unter anderen und dabei häufig nicht einmal das Wesentliche. Weitaus wichtiger sind den meisten Sponsoren die Emotionalisierung der Marke (Kapitel 5.3) und ein positiver Imagetransfer (Kapitel 5.4). Aber wie kann eine Marke emotionalisiert werden? Und welche Rolle spielt dabei das Sportsponsoring? Dieser Frage wird im nächsten Abschnitt näher nachgegangen.

## 5.3 Emotionalisierung der Marke

Ein sehr häufig und speziell mit Sportsponsoring verfolgtes kommunikatives Ziel ist die „Emotionalisierung" der sponsernden Marke. Gerade in gesättigten Märkten und bei zunehmender Gleichheit der Qualität und des funktionalen Nutzens von Produkten und Dienstleistungen kommt der emotionalen Positionierung von Marken eine besondere Bedeutung für den Markterfolg zu. Häufig ist es speziell der emotionale Zusatznutzen von Marken, der sie vom Wettbewerb differenzieren kann. Gerade bei Kundengruppen, die auf emotionale Erlebniswerte fokussieren, entscheiden die mit Marken assoziierten Emotionen über den Konsum oder Nicht-Konsum.

**Marken mit Emotionen aufladen**

Dies macht es Notwendig, Marken mit Emotionen zu verbinden, ihnen genau diesen Zusatznutzen zu geben, der sich nicht allein aufgrund eines funktionalen Produktnutzens einstellen kann. In der aktuellen Marketing- und Werbewirkungsliteratur wird daher der Markenemotionalisierung viel Raum gewidmet. Dabei wird davon ausgegangen, dass Marken mit Emotionen erst „aufgeladen" werden müssen, sie sind ihnen nicht inhärent. Diese Metapher des „Aufladens" suggeriert das Bild einer Batterie, die mit Elektrizität aufgeladen wird. Ähnlich die Vorstellung der Emotionalisierung von Marken. Nur kommt hier nicht Strom zum Einsatz, sondern *emotionale* Kommunikation. Also Kommunikation, die speziell über emotionale Bilder (also Bilder, die in der Lage sind, beim Rezipienten spezifische Emotionen auszulösen) oder Identifikationsfiguren wie Sportlern als Testimonialwerber der Marke Emotionen verleiht.

Genau hier vermutet man auch eine starke emotionale Wirkung von Sportsponsoring. Was zunächst auch plausibel erscheint. Ist Sport doch mit einer großen Anzahl von Emotionen in Verbindung zu bringen: dem Ehrgeiz, der Freude oder Enttäuschung der Sportler, der Begeisterung und dem Jubel der Zuschauer, die Spannung, welcher Athlet das Rennen macht. Diese Liste ist fast beliebig fortzusetzen. Auch sind die Protagonisten im Sport häufig mit starken Emotionen der Bewunderung, der Freude über ihre Siege und der Enttäuschung bei Niederlagen assoziiert. Rezipienten reagieren oft höchst emotional auf Sportereignisse. Psychophysiologische Studien können dies eindrucksvoll belegen. Es stellt sich allerdings die Frage, welchen Einfluss die von den Sportrezipienten erlebten Emotionen auf die Wahrnehmung und Beurteilung der sponsernden Marken hat? Wie werden Marken eigentlich durch Sportsponsoring *emotionalisiert*? Können Marken überhaupt durch emotionale Erlebnisse *emotionalisiert* werden?

Um eine Antwort auf diese Frage zu finden, ist es wichtig, sich Klarheit darüber zu verschaffen, was Emotionen überhaupt sind und welche Rolle sie für Marken spielen. Im Folgenden werden wir uns daher etwas näher damit auseinandersetzen, was Emotionen sind. Wir werden darüber hinaus auch diskutieren, was uns die Neurowissenschaften über das Phänomen der Emotionen zu sagen haben und wir werden unterscheiden müssen zwischen primären biogenen Emotionen und den Markenemotionen, die für Konsum und Markenkommunikation relevant sind.

**Was sind Emotionen?**

Es gibt in der wissenschaftlichen Literatur kaum ein psychologisches Konzept, welches ähnlich schwer greifbar und umstritten ist wie das der Emotionen. Bis heute gibt es keine allgemein gültige Definition dessen, was unter Emotionen zu verstehen ist. Grund dafür ist die starke Heterogenität des Phänomens Emotionen — es gibt zahlreiche verschiedene Erlebenszustände, die mit dem Begriff Emotion in Verbindung gebracht werden können. Des Weiteren äußern sich Emotionen auf den unterschiedlichsten Ebenen, sie haben eine Erlebenskomponente (man kann sie mehr oder weniger bewusst erleben), zeigen sich in physiologischen Reaktionen des Körpers (z. B. Erhöhung der Herzfrequenz, Schweißproduktion) sowie in bestimmten, über Kulturen hinweg universellen Gesichtsausdrücken. Auf neurologischer Ebene können spezifischen Emotionen spezielle Hirnareale und Neurotransmitter zugeordnet werden, wenngleich wir noch recht weit von einer präzisen neuronalen Kartografie der Emotionen entfernt sind.

### Biologischer Erklärungsansatz

Es gibt also unterschiedliche Vorstellungen, was Emotionen sind und wie sie entstehen. Der biologische Erklärungsansatz der Emotionen betont deren evolutionäre Entwicklung. Emotionen sind demnach angeborene Erlebens- und Verhaltensmuster, die aufgrund bestimmter situativer Hinweisreize das Verhalten von Menschen in eine gewisse Richtung beeinflussen. Ein in diesem Zusammenhang häufig zitiertes Beispiel ist der sprichwörtliche Tiger im Dschungel, mit dem unsere Vorfahren vermeintlich zu tun hatten. Der Anblick eines Tigers löst zunächst Furcht aus, die den Körper in einen Zustand versetzt, Fluchtverhalten zu zeigen. Emotionen bringen uns demnach dazu, auf bestimmte situative Bedingungen hin uns so zu verhalten, dass unser Überleben gesichert — oder zumindest wahrscheinlicher — wird. Das „emotionslose" ignorieren des Tigers wäre ebenso wenig überlebensförderlich wie einer Reaktion mit Wut und anschließendem Kampfverhalten. Die evolutionäre Strategie zum Überleben ist daher „Flucht". Dieses Verhalten ist bei höher entwickelten Organismen und ihren Gehirnen allerdings kein Automatismus im Sinne eines Reflexes oder Instinktes. Wir Menschen haben die Wahl, unserer Angst zu folgen und davonzulaufen oder sie zu unterdrücken und trotzdem stehen zu bleiben — was uns in unserem Beispiel mit dem Tiger wohl nicht gut bekommen würde. Emotionen führen also zu sehr starken Verhaltensbereitschaften, die sehr wahrscheinlich, aber nicht zwangsläufig, zu entsprechenden Reaktionen führen. Für die biologische Entstehung der Emotionen gibt es zahlreiche Belege. So ist der Gesichtsausdruck häufig der Spiegel der erlebten Emotionen. Dieser ist über Kulturen hinweg höchst universell, Angst und Freude zeigen sich gleich in den Gesichtern der Aborigines, des Mitteleuropäers wie der chinesischen Landbevölkerung. Auch die höchst unterschiedlichen Erlebensqualitäten der verschiedenen Emotionen und ihre korrespondierenden psychophysiologischen Reaktionen weisen auf einen biologischen Ursprung hin. Wie sollte so etwas auch gelernt werden? Aus der evolutionsbiologischen Sichtweise leitet sich als Ziel und Zweck der Emotionen letztlich die Anpassung an die Umwelt ab. Emotionen helfen uns Menschen, uns in der Umwelt zurechtzufinden. Diese Funktion von Emotionen wird uns später bei den Markenemotionen noch einmal begegnen. Letztlich geht man von unterschiedlichen Basisemotionen aus, die evolutionären Ursprungs sind. Welches genau diese Basisemotionen sind, ist umstritten. Zwei der bekanntesten wissenschaftlichen Taxonomien zeigt die folgende Tabelle.

| Basisemotionen nach Izard | Basisemotionen nach Plutchik |
|---|---|
| Interesse | Erwartung |
| Freude | Freude |
| Überraschung | Überraschung |
| Kummer | Trauer |
| Wut | Wut |
| Ekel | Ekel |
| Geringschätzung | Akzeptanz |
| Angst | Angst |
| Scham | |
| Schuldgefühl | |

Abb. 21: Basisemotionen nach Izard und Plutchik (Quelle: Möll 2007)

Trotz aller Unterschiede in den angenommenen Basisemotionen zeigen sich auch starke Übereinstimmungen. Auch dieses ist ein Hinweis auf die Universalität der menschlichen Emotionen.

**Lerntheoretische Emotionstheorien**

Einen ganz anderen Ansatz verfolgen die lerntheoretischen Emotionstheorien. Ausgehend von einigen wenigen angeborenen Basisemotionen postuliert diese Erklärungsrichtung die Entwicklung der Vielfalt von Emotionen durch einfache Lernprozesse. Insbesondere der klassischen oder auch der emotionalen Konditionierung wird dabei eine besondere Bedeutung zugeschrieben. Durch die zeitgleiche Präsenz eines konditionierten Reizes, der eine bestimmte emotionale Reaktion auslöst, mit einem unkonditionierten Reiz wird dieser mit der emotionalen Reaktion verbunden. Nun löst auch der unkonditionierte Reiz diese Reaktion aus, die Assoziation mit der Emotion wurde gelernt. Dieser recht simple Lernmechanismus soll im Rahmen lebenslanger Konditionierungsprozesse zu dem differenzierten emotionalem Erleben und Verhalten führen, welches wir von uns selbst kennen. In der modernen Psychologie ist diese Vorstellung mittlerweile höchst umstritten, zeichnet er doch zu einfache Prozesse als ursächlich für das komplexe Emotionserleben von uns Menschen.

### Warum Konsumenten keine Pawlow'schen Hunde sind

Emotionen, speziell bei so hoch entwickelten Gehirnen wie den unseren, beruhen nicht auf simplen Konditionierungseffekten. Ein Einblick in diese Tatsache gelang den Forschern rund um die kognitiv-physiologischen Emotionstheorien. Pioniere waren damals die Autoren Schachter und Singer, die auf der Basis eines mittlerweile klassischen Experiments die Annahme formulierten, dass Emotionen aus zwei Komponenten bestehen, einer unspezifischen körperlichen Erregung und einer kognitiven Ursachenzuschreibung für diese Erregung.[2] Halte ich die körperliche Erregung für einen Ausdruck von Freude, erlebe ich sie auch als Freude. Halte ich die Erregung für einen Ausdruck von Wut, so erlebe ich sie auch als Wut. Als entscheidend für die Interpretation der Erregung als Freude oder Wut nahmen die Autoren den situativen Kontext an. Dort findet der Mensch Hinweisreize, die ihm die eine oder andere Interpretation nahelegen.

### Zusammenspiel von kognitiven Prozessen und Emotionen

Auch dieser theoretische Ansatz hat sich als falsch erwiesen, dennoch öffnete er erstmalig ein breiteres Verständnis für die Bedeutung von Kognitionen für emotionales Erleben. Hatte man zuvor Emotionen als relativ autonom und geradezu als Gegenpart der Kognitionen angesehen, so zeigten die Forschungen von Schachter und Singer und vieler anderer Autoren in ihrer Folge die starke Abhängigkeit der Emotionen von den Kognitionen. Nach den kognitiven Theorien entstehen Emotionen erst in der Folge von mentalen Informationsverarbeitungsprozessen, welche die gegebene Situation, in der man sich befindet, interpretieren. An unserem Beispiel mit dem Tiger lässt sich dies einfach erläutern. Treffen wir einen Tiger bei unserem sonntäglichen Waldspaziergang wird uns wahrscheinlich unmittelbar das Blut in den Adern

---

[2] Schachter, S. / Singer, J. E. (1962). Cognitive, social and physiological determinants of emotional state, in: Psychological Review.

gefrieren. Nach einer kurzen Schockstarre werden wir wohl von panischer Angst ergriffen und sofort mit Fluchtverhalten reagieren. Der gleiche Tiger im Zoo hinter einer Sicherheitsscheibe wird uns hingegen erfreuen, dass wir solch ein stattliches Tier einmal aus der Nähe betrachten können. Ein und derselbe Tiger führt also zu zwei völlig unterschiedlichen emotionalen Reaktionen. Dies je nach der kognitiven Interpretation der Situation (ein wahrgenommenes Loch in der Scheibe führt dann wieder zu anderen Emotionen). Emotionen sind also die Folge kognitiver Bewertungen der Interaktion des Menschen mit seiner Umwelt. Es sind nicht einfache Stimuli, die geradezu automatisch konditionierte emotionale Reaktionen auslösen. Es sind vielmehr komplexe kognitive Prozesse der Informationsverarbeitung, die Emotionen entstehen lassen. Dies gilt auch für die Emotionen der Konsumenten. Wer glaubt, Marken leicht durch klassische Konditionierung mit Emotionen versehen zu können, der irrt gewaltig. Dazu aber gleich mehr.

**Emotionen aus neurologischer Perspektive**

Wie oben beschrieben, galt das Verhältnis zwischen Emotionen und Kognitionen lange als umstritten. Speziell die Notwendigkeit von Kognitionen für emotionales Erleben wurde kontrovers diskutiert. Die neurowissenschaftliche Forschung kann diesen Disput nun zweifelsfrei beenden. Und dies schlicht, indem sie beobachtet, was im Gehirn von Menschen passiert, während sie Emotionen erleben.

Wie entstehen aber nun Emotionen? Wie fast jegliches Erleben entstehen Emotionen im Gehirn, speziell im limbischen System. Das limbische System ist letztlich ein Bündel von Funktionseinheiten im Gehirn, welches sich vom Mittelhirn über das Zwischenhirn bis hin zu ventralen Endhirn, also auch den corticalen Arealen, speziell den Orbitofrontalen und den Ventromedialen Cortex, hinzieht.

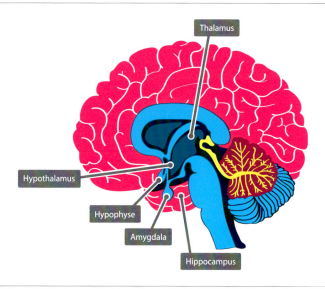

Abb. 22: Kernbereiche des limbischen Systems

Die grundlegendste Funktion des limbischen Systems ist die Erhaltung des Lebens schlechthin. Atmung, Kreislauf, Wärmehaushalt, Schlafen und Wachen sowie grundlegende Verhaltensbereitschaften wie Nahrungsaufnahme, Sexualität, Angst vor Bedrohung und Verteidigung werden im Hypothalamus, der Amygdala, dem ventralen Tegmentalen Areal und dem zentralen Höhlengrau des Tegmentum gesteuert. Im Erleben zeigt sich die Tätigkeit dieser Hirnareale durch körperliche Bedürfniszustände (Hunger, Durst, Müdigkeit) oder affektive Zustände wie Aggressivität, Ärger, sexuelle Lust oder Schmerz. Darauf aufbauend ist das mesolimbische System (Ventrales Tegmentales Areal, Nucleus Accumbens, Ventrales Striatum) für lustvolle Belohnung zuständig, dies durch hirneigene endogene Opiate. Diese Struktur belohnt Verhaltensweisen, die zur Bedürfnisbefriedigung beigetragen haben — dies aber meist unbewusst. Damit ist dieses System ein wichtiger Motivator für Lernprozesse. Gelangen diese Stoffe bis in den Cortex, so erleben wir dieses Glücksgefühl auch ganz bewusst. Notwendig ist das aber für entsprechende Lernprozesse nicht. Das mittlere limbische System bestimmt unsere Gefühle. Diese bestehen aus einer komplexen Mischung positiver wie negativer Erlebenszustände. Sie entstehen durch die neuronale Interaktion des Hypothalamus, der Amygdala und des mesolimbischen Systems. Auch sie sind uns nur dann bewusst, wenn neuronale Erregungen bis in die Großhirnrinde dringen. Wirken und Verhalten beeinflussen können sie aber auch unbewusst.

**Der Handlungssinn von Emotionen**

So komplex und unterschiedlich Gefühle sein können, sie alle haben eine zentrale Handlungsdimension: positiv oder negativ, Aufsuchen oder Meiden, Zuwendung oder Aversion. Letztlich steuern Gefühle unser Verhalten, ohne dass diese Verhaltensweisen starr determiniert sind. Sie versetzen uns eher in eine gewisse Handlungsbereitschaft, die wir situativ noch anpassen können. Warum gibt es aber so viele Emotionen, wenn Aufsuchen und Meiden die zentrale Handlungsdimension ist? Man geht davon aus, dass dies eine bessere Anpassung an komplexe Umweltgegebenheiten ermöglicht. Komplexe situative Herausforderungen, auch soziale Beziehungen zählen dazu, lassen sich so viel besser und flexibler meistern. Zentral ist auch die Funktion der Amygdala, die emotionales Lernen ermöglicht (emotionale Konditionierung, speziell gesteuert durch die basolaterale Amygdala). Dies, indem sie neuronale Erregung der sensorischen Areale mit dem mesolimbischen System und dem Hypothalamus verbindet. Des Weiteren involviert sie auch den Hippocampus. Wir haben diese Hirnstruktur bereits als den Organisator des Gedächtnisses kennengelernt, welcher seine Gedächtnisinhalte im assoziativen Cortex ablegt. Es ist also davon auszugehen, dass auch Gedächtnisinhalte nicht nur reines Faktenwissen sind, sondern auch dort — bewusst wie unbewusst — emotionale Qualitäten mitassoziiert werden. Sensorische Informationen und Gedächtnisinhalte werden in der basolateralen Amygdala mit emotionalen Zuständen verknüpft und erhalten dadurch eine emotionale Bewertung: Sie erlangen über „kaltes" Wissen hinaus für das Subjekt *Bedeutung*. Solch eine emotionale Konditionierung findet eigentlich stetig statt, sie gibt unserer Umwelt Sinn und Bedeutung (färbt sie sozusagen emotional ein) und gibt dadurch unserem Verhalten eine Richtung bezogen auf die Objekte unserer Umwelt. Durch die Emotionen werden diese Objekte, so auch Marken und Produkte, zu subjektiven Relevanz- und Bedeutungsträgern. Und auf diese reagieren wir folgerichtig mit Aufsuchen oder Meiden, je nachdem was wir emotional mit ihnen assoziieren. Häufig sind diese Tendenzen völlig unbewusst. Wir wissen, was wir präferieren, wir wissen aber nicht, warum. Die "höchste" Ebene des limbischen Systems ist der cinguläre, ventromediale und orbitofrontale Cortex. Diese Struktur beschäftigt sich mit der Impulskontrolle und vermittelt zwischen dem Ansturm von Emotionen und Affekten sowie dem planvollen und durchdachten Verhalten. Von besonderer Bedeutung sind dabei die mittel- und längerfristigen Konsequenzen unseres Verhaltens, welche hier berücksichtigt werden. Auch emotionale Lernprozesse werden hier moderiert und beeinflusst.

**Emotionen sind die Herren im Haus**

Letztlich sind die Verbindungen zwischen vegetativen, limbischen und corticalen Strukturen sehr eng. Eine Trennung oder gar Dualität zwischen Fühlen und Denken — wie lange Zeit in der Philosophie postuliert — ist neuroanatomisch also gar nicht zu finden. Dies ist auch nicht vorgesehen, da die corticalen Strukturen und Funktionen letztlich kein Selbstzweck sind, sondern vielmehr im Dienste der Selbst- und Arterhaltung stehen und damit im Dienste der Emotionen und Motive. Was der Cortex tut, macht er stets unter dem Einfluss limbischer Funktionen. Emotionen sind daher die eigentlichen Herren im Haus, und nicht der rationale Verstand. Er unterstützt den Menschen, nur im Einklang mit seiner Emotionswelt zu leben und seinen grundlegenden Bedürfnissen und Motiven möglichst geschickt und der Umwelt angepasst nachzugehen. Für die Steuerung des Konsumverhaltens — und Marketing, Werbung und Sponsoring sollen letztlich zur Steuerung des Konsumentenverhaltens beitragen — ist dies eine entscheidende Erkenntnis.

Lange Zeit wurde der Ansatz verfolgt, Marken durch Markenwissen stark zu machen, indem der funktionale Nutzen von Marken und Produkten kommuniziert und gestärkt wurde. Entscheidend sind aber die Markenemotionen, nur sie sind in der Lage, das Bedürfnis nach einer Marke auch wirklich zu stimulieren. Marken müssen emotional sein, sie müssen Motive der Konsumenten ansprechen und belohnend wirken. Und diese Belohnung findet neurologisch gesehen nicht im Cortex statt, sondern im limbischen System.

# 5 Emotionalisierung der Marke

**Zusammenfassung: Emotionen aus neuropsychologischer Sicht**

Resümierend soll nun ein kurzer Überblick über die Art und Weise gegeben werden, wie die moderne neuropsychologische Forschung über Emotionen heute denkt: Emotionen sind subjektive Zustände im Menschen, die durch ein spezifisches Erleben gekennzeichnet sind.

- Emotionen können in unterschiedlichen Intensitäten erlebt werden.
- Emotionen können bewusst und unbewusst wirksam sein.
- Emotionen sind in der Regel objektgerichtet, d. h. sie werden durch bestimmte Objekte oder situative Reize (sei es in der Realsituation oder der Vorstellung) ausgelöst.
- Emotionen führen zu bestimmten Verhaltensbereitschaften oder Verhaltensweisen.
- Emotionen gehen häufig mit körperlichen (somatischen) Veränderungen einher.
- Emotionen geben Objekten eine bestimmte Valenz, einen subjektiven Wert.

So unterschiedlich Emotionen auch sein können, es gibt zwei wesentliche Dimensionen, unter denen alle Emotionen klassifiziert werden können. Zum einen sind Emotionen mit einer gewissen Intensität oder Grad der Erregung verbunden, zum anderen führen sie zu einer gewissen Valenz — einer subjektiven Werthaltung — dem emotionsauslösenden Objekt gegenüber. Die Valenz entscheidet über die Hinwendung zu dem Objekt (ich mag es, finde es attraktiv oder interessant) oder dessen Ablehnung (ich mag es nicht, empfinde es als unangenehm oder uninteressant). Hier treffen wir wieder auf die verhaltenssteuernde Funktion der Emotionen. Letztlich dienen Emotionen dazu, den Menschen durch seine Umwelt zu steuern, ihn angenehme Dinge aufsuchen zu lassen und Unangenehmes zu meiden. Und dies nicht unspezifisch und unsystematisch, sondern im Einklang mit seinen Bedürfnissen und Motiven. Dies gilt auch für das Konsumverhalten von uns Menschen. Auch hier sind es im Wesentlichen die Emotionen, die uns veranlassen, zu konsumieren und beeinflussen — und dies ist für Marken von besonderer Relevanz —, was wir konsumieren. Verantwortlich sind dafür die Markenemotionen.

### Was sind Markenemotionen?

Der Begriff der Markenemotionen rückt zunehmend in die Debatte über Marken und die Wirkung von Marken bei Konsumenten. Speziell steht die Frage im Raum, wie Marken es schaffen, Präferenzen zu stimulieren. Wie wir oben gesehen haben, ist es eine wesentliche Funktion von Emotionen, das Verhalten von Menschen auf bestimmte Objekte hin auszurichten, ihnen einen subjektiven Wert zu geben. Dies ist besonders relevant für Produkte, die auf Basis objektiver Bewertungskriterien im Vergleich zum Wettbewerb austauschbar sind, weil sie sich sowohl in ihrer Funktionalität als auch in ihrer Qualität nicht vom Wettbewerb unterscheiden. Das trifft auf viele Produkte in entwickelten Märkten zu. Die Kaufentscheidung kann nicht mehr allein aufgrund rationaler Produkteigenschaften vorgenommen werden. Andere Unterscheidungskriterien müssen her. Speziell eine emotionale Differenzierung im Markt ist für Marken daher von wesentlicher Bedeutung. Damit werden die Markenemotionen zunehmend als ein wesentliches Ziel der Markenkommunikation angesehen. Was aber genau sind Markenemotionen?

### Markenemotionen und Markenwissen

Auf der Suche nach der Antwort zu dieser Frage schauen wir uns zunächst den vermeintlichen Gegenpol an, das Markenwissen. Man könnte das Markenwissen auch als die mit einer Marke verbundenen Assoziationen bzw. Kognitionen bezeichnen. Also alles, was der Konsument über eine Marke gespeichert hat. Neben den formalen Eigenschaften des Markenlogos oder des Markennamens ist das auch die Zuordnung der Produkt- oder Dienstleistungskategorie sowie funktionale Eigenschaften der Marke oder des Produktes. Der Konsument muss natürlich wissen, dass Coca-Cola ein Erfrischungsgetränk ist, weiß er das nicht, wird er die Marke nicht zum Zwecke des Durstlöschens in Erwägung ziehen. Man spricht daher auch von assoziativen oder semantischen Netzwerken, die im Gedächtnis um eine Marke gespeichert werden. Diese Netzwerke werden immer dann aktiviert, wenn das Markenlogo oder der Markenname wahrgenommen bzw. aus dem Gedächtnis abgerufen wird.

# 5 Emotionalisierung der Marke

Der Markenführung durch Markenkommunikation kommt nun die Aufgabe zu, dieses Markennetzwerk in den Köpfen der Konsumenten gezielt aufzubauen und permanent stabil zu halten.

Kognitives Markenwissen wurde lange Zeit als entscheidend für die Markenführung und den Markenkonsum angesehen. Je mehr Wissen die Konsumenten von einer Marke haben und je mehr dieses Wissen die Vorzüge und den Nutzen des Produktes oder der Dienstleistung repräsentieren, umso erfolgreicher sollte sich die Marke verkaufen. Gestaltet wird dieses Markenwissen über entsprechende Kommunikation, die Produkteigenschaften und Produktwissen vermittelt. Die Kampagne „Actimel aktiviert Abwehrkräfte" ist ein typisches Beispiel. Unabhängig davon, ob dieses Produkt wirklich in der Lage ist, körpereigene Abwehrkräfte zu verstärken, gibt die Marke doch dieses Versprechen ab — was aufgrund der heutigen EU-weiten Rechtsprechung immer schwieriger wird. Der Konsument kann dieses Werbeversprechen lernen, daran glauben und seinen Konsum — bei gefühlten mangelnden Abwehrkräften — darauf abstimmen. Markenwissen kann textlich, verbal, durch Bildsprache oder Geschichten, die um die Marke herum erzählt werden, aufgebaut werden. Die Frage bleibt aber, wie kommen nun die Emotionen in die Marke?

**Kommen Emotionen über klassische Konditionierung in die Marke?**

Wie bereits gesehen, erscheint es erstrebenswert, Marken nicht nur mit eher rationalem Wissen zu assoziieren, sondern sie auch emotional im Wettbewerb zu differenzieren. Man will der Marke sozusagen ein spezifisches „Gefühl" geben, eine Anmutung, die spürbar und erlebbar ist. Lange glaubte man, dieses mit Hilfe der klassischen oder auch emotionalen Konditionierung erreichen zu können. Wir haben oben aber schon gesehen, dass die Annahme einer einfachen Konditionierung von Emotionen höchst umstritten ist. Dennoch hielt sich in der Werbeforschung lange Zeit und sehr hartnäckig die Annahme, Emotionen würden über einfache Konditionierungsprozesse mit Marken assoziiert werden können. Auf Basis dieser Annahme wäre es ausreichend, eine Marke mit Reizen zu paaren, die Emotionen auslösen, und schon heftet sich die Emotion an die Marke. Wiederhole ich diesen Vorgang, erreiche ich eine stabile Konditionierung von Marke und Emotion. Die Marke allein wird dann in Zukunft die entsprechenden Emotionen im Konsumenten zuverlässig auslösen können.

In der Werbung baute man basierend auf dieser Annahme auf die emotionale Kraft der Bilder. Visuelle Reize können sehr zuverlässig emotionale Reaktionen auslösen. So löst das Bild eines Babys fürsorgliche Emotionen aus. Assoziiere ich Bilder eines Babys mit meiner Marke, so wird diese zum Auslöser fürsorglicher Gefühle — so zumindest die Theorie.

Im Sportsponsoring wurde die Emotionalisierung viel unmittelbarer angenommen. Zweifelsohne lösen Sportereignisse Emotionen aus, es ist daher folgerichtig anzunehmen, dass über den Mechanismus des klassischen Konditionierens die während der Sportveranstaltung empfundenen Emotionen auf die dort werbenden Marken übertragen werden. Auf den ersten Blick eine plausible Annahme. Auf dem zweiten Blick werden aber die Grenzen dieser Annahme klar. Die Gefühlswelt während der Sportrezipienz ist höchst heterogen. Emotionen von Freude, Begeisterung, Enttäuschung und Wut wechseln sich ständig ab, bisweilen im Minutentakt. Was davon wird denn nun auf die Marke übertragen? Oder gar der ganze Gefühlsmix? Und — sind dies wirklich die Emotionen, mit denen Marken sinnvollerweise „aufgeladen" werden sollen? Häufig ist es aber auch bei Sportereignissen so, dass sie streckenweise recht langweilig sind, also gar keine bis kaum Emotionen hervorrufen. Wer ein komplettes Formel-1-Rennen am Fernsehen verfolgt, bei dem die Boliden über eine Stunde lang wie an einer Perlenkette ihre Runden fahren, der wird die Anfangsbegeisterung bei einem spannenden Start nicht lange aufrecht erhalten können. Bedeutet dies eine nicht-emotionalisierende Wirkung für die sponsernden Marken? Es wäre schade.

Es sollte klar geworden sein, dass das Prinzip der klassischen Konditionierung nicht in der Lage ist, die Emotionalisierung von Marken zu erklären, auch nicht im Sportsponsoring. Auch neue Befunde der Hirnforschung zeigen, dass im menschlichen Gehirn deutlich komplexere Lernprozesse stattfinden, wenn Emotionen gelernt bzw. ausgelöst werden. Konsumenten sind halt doch keine Pawlow'schen Hunde, die allzu leicht emotional konditionierbar sind. Wie aber kommen nun die Emotionen in die Marke? Die Antwort erscheint verblüffend: Genauso wie die Kognitionen, das so genannte Markenwissen.

# 5 Emotionalisierung der Marke

**Zusammenspiel von Kognitionen und Emotionen entscheidend**

Wie bereits erläutert, liegen im Gehirn kognitive und emotionale Strukturen eng beieinander. Grundsätzlich hängen Emotionen von Kognitionen ab, ohne Kognitionen keine Emotionen — zumindest nicht beim Menschen. Auch sind Kognitionen häufig emotional, d. h. sie implizieren eine Wertung im Sinne von gut oder schlecht, positiv oder negativ. Dies ist das Wesen der Emotionen, sie geben Verhaltensweisen oder auch Denkprozessen eine Richtung, einen Wert. Oder anders ausgedrückt: *Bedeutung*. Kognitionen und Emotionen eng verschaltet in unserem Gehirn führen zu Bedeutung der mentalen Konstrukte, mit der wir unsere Welt erleben, strukturieren und für uns nutzbar machen. Die Bedeutung gibt allen Objekten ihren Sinn. Ohne Emotionen keine Bedeutung und damit auch kein Sinn.

Eindrucksvoll zeigte dies der Neurowissenschaftler Damasio mit seiner Analyse von Patienten mit Hirnschädigungen, so genannten Läsionen.[3] Bei solchen Menschen mit massiven Schäden emotionaler Zentren im Gehirn kommt es weniger dazu, dass diese Menschen frei von Emotionen rein rational handeln — wie etwa Mr. Spock in Star Trek. Vielmehr werden sie passiv und verlieren den Antrieb, sich mit der Umwelt auseinanderzusetzen. Dies ist nicht verwunderlich, denn durch die Hirnläsionen verlieren die Objekte in der Umwelt an Bedeutung, ihr Wert für das Individuum geht verloren, da sie keinen emotionalen Wert mehr haben. Die Dinge werden nach wie vor gesehen, sie werden erkannt, können korrekt zugeordnet werden, sie besitzen aber keinen Aufforderungscharakter mehr — sie motivieren nicht mehr. Und dies ist ein weiterer wesentlicher Aspekt der Emotionen — sie geben den Dingen Bedeutung, weil sie sie mit Motiven verknüpfen. Es sind letztlich die Emotionen, die uns Menschen antreiben, nicht die Ratio.

---

[3] Damasio, A. R. (2004). Descartes Irrtum: Fühlen, Denken und das menschliche Gehirn. München: List.

> **INFO-BOX   Gibt es einen Unterschied zwischen Emotion und Motivation?**
>
> Emotion und Motivation sind streng genommen nicht zu unterscheiden. Wir fühlen und erleben Gefühle, um unserem Verhalten eine Richtung zu geben. Wir suchen auf oder wir meiden. Und dies ist auch das Wesen der Motivation. Die Motivstruktur von uns Menschen ist dabei höchst komplex, neben biogenen Motiven wie Sicherheit, Schutz, Sexualität und Nahrungsaufnahme kommen hoch komplexe soziale und individuelle Motivausprägungen dazu. Diese zu organisieren und im Einklang mit der Umwelt zu bringen, ist die Aufgabe unseres Gehirns. Und unser Gehirn löst diese Aufgabe mit kognitiven und emotionalen Verarbeitungsmechanismen, letztlich indem das Gehirn unserer Umwelt Sinn und Bedeutung gibt. Man könnte auch sagen, dass der Verstand letztlich den Motiven und Emotionen dient. Neuroanatomisch gesehen ist der Verstand zwar über den limbischen Emotionssystemen verortet, er ist auch in der evolutionären Hirnentwicklung die jüngere Errungenschaft, aber letztlich dient er den Emotionen.

Was hat dieser Sachverhalt aber nun mit der Emotionalisierung von Marken über das Sportsponsoring zu tun? Sehr viel, denn der Mechanismus, welcher Marken über Sponsoring mit Emotionen auflädt, liegt im Wesentlichen in der Eigenschaft der gesponserten Objekte als Emotions- und damit Bedeutungsträger. Sportarten, Sportevents, Sportler und Vereine tragen zunächst eine Bedeutung in sich, die die Konsumenten im Kontakt mit ihnen gelernt haben. Die Sportobjekte haben dabei ein unverwechselbares neuronales Muster in den Köpfen hinterlassen, welches sich aus Wissen — also den Kognitionen —, Erinnerungen, Bildern und eben auch Emotionen speist. Sie machen das spezifische Bedeutungsmuster eines Sponsoringobjektes aus.

Das Sponsoring führt nun dazu, dass dieses spezifische — kognitive wie emotionale — Bedeutungsmuster mit der sponsernden Marke assoziiert wird. Die Marke bringt dabei zunächst ihr eigenes, in der Vergangenheit durch den Konsumenten gelerntes Bedeutungsmuster mit. Dieses wird nun mit dem Sponsoringobjekt assoziiert und abgeglichen. Eigenschaften des Sponsoringobjektes werden auf die Marke übertragen.

# 5 Emotionalisierung der Marke

Abb. 23: Das assoziative Markennetzwerk der Telekom (stark vereinfacht)

Sind dabei Bedeutungsmuster konträr zueinander, kann dies auch zu einer Schwächung von Bedeutungsqualitäten in der werbenden Marke führen. Je stärker dabei das Sponsoringobjekt in den Gehirnen der Konsumenten bereits verankert ist, umso stärker werden die Bedeutungsqualitäten auch auf die Marke übertragen. So gesehen haben gut profilierte Sportmarken wie die Olympischen Spiele, die Formel-1, der FC Bayern München oder die Fußball-WM deutliche Wirkungsvorteile für die Markenemotionalisierung.

> **! ACHTUNG**
>
> Sponsoren sind gut beraten, die emotionalen Qualitäten ihrer Sponsoringobjekte intensiv zu prüfen und die Kompatibilität zu der intendierten eigenen Markenpositionierung kritisch zu hinterfragen.

Wirkungsvolles Sponsoring im Sport führt immer zu einer Emotionalisierung der Marke. Man kann eben auch im Sponsoring im Sinne von Watzlawick nicht *nicht* kommunizieren. Die Markenemotionalisierung findet statt. Dies aber nicht immer in die intendierte Richtung. Im schlimmsten Fall kann das Sponsoring nicht nur sehr teuer, sondern auch schädigend für das Bedeutungsprofil der Marke in den Köpfen der Konsumenten sein. Wie man dies prüfen kann, wird in Kapitel 7 über die moderne Sponsoringwirkungsforschung gezeigt. An dieser Stelle sei aber bereits erwähnt, dass gerade die emotionalisierende Wirkung von Sportsponsoring für Marken häufig eher auf einer impliziten — also unbewussten — Ebene zu finden ist und auch dort am besten gemessen werden kann. Dies vor allem, weil Markenemotionen nicht mit den biogenen Basisemotionen gleichgesetzt werden können, die deutliche physiologische Veränderungen im Körper auslösen bzw. mit einer starken Erlebensqualität einhergehen. Markenemotionen zeigen sich eher in Wertehaltungen diesen Marken gegenüber, welche selbst eine komplexe Mischung aus Kognitionen und — subtilen — Emotionen darstellen.

## 5.4 Der Imagetransfer – Übertragung von Assoziationen auf die sponsernde Marke

Die Ausführungen zum Transfer von Emotionen durch Sportsponsoring des vorangegangenen Abschnitts stehen im Einklang mit den gängigen Theorien zum Imagetransfer. Das Image einer Marke ist definiert durch die Assoziationen, die Konsumenten mit einer Marke verbinden. Diese Assoziationen bilden das Resultat aus zahlreichen Lernprozessen, die beim Kontakt mit der Marke, dem Markenlogo oder dem Produkt an sich zustande kommen. Kontaktpunkte mit der Marke bilden dabei die Markenverwendung selbst, allerdings auch Werbung, Berichte über die Marke oder die Markenkategorie in der Presse, das so genannte Word-of-Mouth, oder eben Sonderwerbeformen wie das Sponsoring.

### Übertragung der Assoziationen des Sportsponsoringobjekts auf die Marke

Beim Sportsponsoring wirkt dabei weniger die Werbung an sich als vielmehr die Kontextinformationen (also das, wofür das Sponsoringobjekt steht), die eine Botschaft über die dort beworbene Marke in sich tragen. Es wird folgerichtig angenommen, dass die Assoziationen mit dem Sponsoringobjekt auf die sponsernde Marke übertragen werden. Dies wird zum einen als die Verbindung zweier semantischer Netzwerke, das des Sponsoringobjektes und das der Marke, interpretiert. Auf hirnphysiologischer Ebene würde man von neuronalen Netzwerken sprechen, dessen synaptische Verbindungen gestärkt werden. Dabei geht die Theorie des Imagetransfers davon aus, dass die Assoziationen sowohl Kognitionen im Sinne von Wissen, aber auch Werthaltungen und damit letztlich Emotionen sein können. Interpretiert nach dem neurologischen Konzept der Markenemotionen ist es stets beides, nämlich die Verbindung aus Kognitionen und Emotionen, die letztlich eine Haltung gegenüber der Marke determinieren.

Um Sportsponsoring in diesem Sinne strategisch zielführend zur Markenpositionierung einzusetzen, bedarf es also einer genauen Kenntnis der mit dem Sponsoringobjekt verbundenen Assoziationen, oder besser gesagt emotionalen Qualitäten, sowie einer klaren Vorstellung über das Positionierungsziel der Marke. Wofür soll die Marke stehen? Welche grundlegenden Motive des Konsumenten soll sie ansprechen? Und welchen Beitrag leistet das Sponsoring, um die Marke in diesem Sinne mit Bedeutung aufzuladen?

Es ist daher letztlich nicht ausreichend, wenn sich die Sponsoringforschung nur mit der Quantifizierung der Markenexposition in den Medien durch das Sponsoring auseinandersetzt oder der bewusst gelernten Bekanntheit der Marken als Sponsoren. Im schlimmsten Fall können Sponsorships mit Sponsoringobjekten, die für die werbende Marke und deren Positionierungsziel inadäquat sind, sogar schädlich für die Markenpflege sein. Die entscheidende Frage ist nämlich, mit welcher expliziten wie impliziten Bedeutung die Marke durch das Sportsponsoring aufgeladen wird und ob dies im Einklang mit der angestrebten Markenpositionierung ist. Mittlerweile stehen durchaus aussagekräftige Forschungsmöglichkeiten zur Beantwortung solcher Fragen zur Verfügung. Kapitel 5.5 wird sich eingehend damit beschäftigen.

## Die dritte Wirkungsstufe: Markenwirkung der Sponsoringbotschaft

**Nur das Original wirkt emotional!**

In diesem Zusammenhang sei auf einer aktuelle Studie von Jörg Königstorfer und Andrea Groeppel-Klein von der Universität des Saarlandes hingewiesen.[4] Im European Sport Management Quarterly veröffentlichten die Autoren 2012 eine Studie über die Wirkung der Sponsoren der Fußball-WM auf das Markenimage. Dabei nutzten die Autoren sowohl explizite wie auch implizite Messinstrumente. Im Fokus der Untersuchung stand dabei der Wirkungsunterschied zwischen den offiziellen Sponsoren der WM und den im Umfeld aktiven Marken, die über Ambush-Marketing das Event zur Markenkommunikation nutzten. Ambush-Marketing bezeichnet dabei diejenigen Werber, die mit inhaltlich an das Event oder die Sportart angelehnten Werbebotschaften arbeiten, ohne dabei offizielle Sponsoren zu sein. Dabei nutzen sie sowohl die zeitliche und räumliche Nähe zum Event für ihre Werbung als auch inhaltliche Gestaltungsmerkmale, um den Eindruck zu erwecken, Sponsoren dieses Events zu sein oder zumindest eng mit dem Event assoziiert zu werden (vgl. auch Kapitel 2.2). Die Studie von Königstorfer und Groeppel-Klein fand heraus, dass sowohl die offiziellen Sponsoren als auch die Ambusher Werbeerinnerung bei den Zuschauern generieren konnten. Die offiziellen Sponsoren erzielten dabei deutlich stärkere Erinnerungseffekte, aber auch die Ambusher wurden im Recall und Recognition durchaus erinnert. Eine tiefergehende Analyse der impliziten Assoziationen zwischen dem Event und der Marke — gemessen mit dem Implicit Association Test, einer Messmethode, die die Reaktionszeiten der Probanden im Millisekundenbereich berücksichtigt — brachte allerdings zum Vorschein, dass nur die offiziellen Sponsoren mit den impliziten Assoziationen des Events signifikant aufgeladen wurden. Den Ambushern gelang dies nicht bzw. nur in einem deutlich geringerem Ausmaß. Können Ambusher also durchaus mit einem entsprechenden Werbedruck explizite Erinnerungseffekte für ihre Werbebotschaften erreichen, so scheitern sie doch meist bei der emotionalen Aufladung ihrer Marke. Hiervon profitieren im Wesentlichen die offiziellen Sponsoren. Dafür gibt es eine naheliegende Erklärung. Nur sie sind nämlich in der Lage, häufige werbliche Kontakte im direkten Umfeld des Events zu erzielen, nämlich dort, wo die Assoziation zwischen Event und

---

[4] Königstorfer, J. / Gröppel-Klein, A. (2012). Implicit and explicit attitudes to sponsors and ambushers. European Sport Management Quarterly.

Marke besonders glaubwürdig und emotional aufgeladen stattfinden kann. Emotional wirkt also nur das Original.

## 5.5 Die Absatzwirkung – Kann Sponsoring auch verkaufen?

Neben der Wirkung des Sponsorings auf die Markenbekanntheit und das Markenimage wird in den letzten Jahren auch zunehmend gefordert, dass ein Engagement im Sport auch den Abverkauf der beworbenen Marke unmittelbar positiv beeinflussen muss. Eingedenk der zum Teil sehr hohen Kosten eines Sponsorings im Sport ist dies eine sehr nachvollziehbare Forderung. Der Beleg für solche unmittelbaren Absatzeffekte ist allerdings meist schwierig, wird der Absatz von Produkten doch von zahlreichen Faktoren beeinflusst. Die Wirkung einer einzelnen werblichen Maßnahme wie dem Sportsponsoring aus den möglichen Wirkungsfaktoren zu isolieren stellt die Forschung vor Schwierigkeiten. Dennoch zeigen statistische Ansätze wie beispielsweise das ökonometrische Modelling, dass Sponsoring durchaus einen Einfluss auch auf den Abverkauf von Marken haben kann. Aber ähnlich wie bei klassischer Werbung, deren unmittelbare Absatzwirkung häufig auch schwer quantitativ zu belegen ist, muss zunächst von einer recht geringen unmittelbaren Absatzwirkung ausgegangen werden, zielt doch die Wirkung der Markenkommunikation — und Sponsoring ist in erster Linie Markenkommunikation — zunächst auf den Aufbau der Marke an sich und erst nachgelagert auf den direkten Abverkauf.

**Wie Unternehmen die Absatzwirkung ihres Sponsorings steigern können**

Unternehmen können dennoch einiges tun, um die Absatzwirkung ihres Sponsorings positiv zu beeinflussen. So zeigen Studien, dass speziell am POS (Point-of-Sale) die Kommunikation einer Sponsoringpartnerschaft z. B. auf der Produktverpackung oder einem Aufsteller positive Präferenzeffekte hervorrufen kann. Durch die offensive Kommunikation des Sponsorings im Moment der Kaufentscheidung kann auch eine Differenzierung gegenüber den

Die dritte Wirkungsstufe: Markenwirkung der Sponsoringbotschaft

Wettbewerbermarken erreicht werden. Diese positive Stimulation des Abverkaufs ist dabei im Wesentlichen ein impliziter Effekt, der den Konsumenten gar nicht bewusst sein muss. Gerade bei Spontankäufen können positive Signale, die vom Produkt ausgehen, wie z. B. die Vertrautheit des Olympia-Logos und die positiven emotionalen Assoziationen, die mit dieser starken Sportmarke verbunden sind, ausschlaggebend sein. Dies, weil die emotionalen Qualitäten einer Marke eben häufig kaufentscheidend sind, und nicht objektive Produkteigenschaften, wie oben bereits ausgeführt wurde. Die Konsummarke leiht sich dabei quasi die Emotionalität der Sportmarke. Dazu bedarf es allerdings der Aktivierung des neuronalen Netzwerks der Sportmarke und der Freisetzung der entsprechenden Emotionen.

### Studie: Implizite Verarbeitung einer Sponsoringbotschaft

Eine Studie im „Journal of Marketing Communications" von Frances Woodside und Jane Summers aus dem Jahr 2011 zeigt die implizite Wirkung von Sponsoringbotschaften auf Produktverpackungen.[5] Mit Hilfe von Tiefeninterviews analysierten die Forscher den Prozess der Kaufentscheidung von Produkten, die mit Sportmarken markiert waren. Sie fanden heraus, dass die Sponsoringbotschaften häufig gar nicht bewusst wiedergegeben werden konnten. Dennoch konnten sie bei tiefergehender Nachfrage wiedererkannt werden. Die Forscher zogen daraus die Schlussfolgerung, dass die Aufnahme der Sponsoringbotschaft auf einer peripheren Route verarbeitet wird, man könnte auch sagen implizit. Das Gehirn nutzt diese impliziten Informationen um Präferenzen zu entwickeln.

Für die Praxis empfiehlt es sich also, am POS eindeutige Signale der Sponsoringpartnerschaft zu senden, dies z. B. durch ein gemeinsames Logo auf den Produktverpackungen oder auf Aufstellern. Auch die Verbindung der Marke zu bekannten Sportlern als Testimonials kann visuell am POS sehr gut umgesetzt werden. Speziell in Zeiten sportlicher Großereignisse wie den Olympischen Spielen, der Fußball-Europameisterschaft oder der Fußball-WM sind Konsumenten (oder besser die Gehirne der Konsumenten) entsprechend vorsensibilisiert, sie sind neuronal „gebahnt". Mit dem Sportereignis assoziierte

---

[5] Woodside, F. / Summers, J. (2011). Sponsorship leveraged packaging: An exploratory study in FMCG. Journal of Marketing Communications.

Botschaften — und ein Logo des Events oder ein bekannter Sportler ist solch eine Botschaft — fallen daher auf einem sehr fruchtbaren Boden. Explizit mag die Omnipräsenz der mit Fußball assoziierten Werbung in Zeiten einer Fußball-WM zwar zu Verärgerung und Abwehrreaktionen (Reaktanz) führen, implizit wird sie aber ihre Wirkung nicht verfehlen.

**Passt die Marke zum Sportevent? — Die Rolle des Sponsor-Fittings**

In der Literatur findet sich häufig der Verweis auf das Sponsor-Fitting als eine wesentliche Determinante des Wirkungserfolgs im Sportsponsoring. Was ist damit gemeint? Als Sponsor-Fitting bezeichnet man die wahrgenommene Passung einer Marke zu dem gesponserten Event durch den Rezipienten. Es wird davon ausgegangen, dass eine wahrgenommene Nähe der Marke zum Sponsoringobjekt auch zu einer besseren Wirkung führt. Marken wie adidas oder Nike, mit einer natürlichen Nähe zum Sport aufgrund ihrer Produkte ausgestattet, sollten daher besonders wirkungsvoll im Sport werben können. Dies scheint auch tatsächlich so zu sein, speziell die abgefragte Erinnerung an Sponsoren im Sport wird häufig von diesen zwei Sportartiklern dominiert. Dies liegt aber weniger am Sponsor-Fitting an sich, sondern vielmehr an Heuristiken, auf die die Teilnehmer von Umfragen zurückgreifen, wenn sie gefragt werden, welche Sponsoren im Sport sie denn kennen. Sie nennen zunächst Marken, bei denen sie eine Nähe zum Sport am ehesten *vermuten* würden und die eine gewisse Omnipräsenz in der öffentlichen Wahrnehmung haben. Tatsächlich ist die wahrgenommene Passung einer Marke zum Sport allgemein oder bezogen auf ein spezielles Sportevent nicht nur ein Wirkungstreiber, sondern auch ein Indikator für die Wirkung eines Sponsorings an sich. So kann man seit über 20 Jahren beobachten, wie die Passung von Biermarken zum Sport stetig ansteigt. Dies nicht, weil das Produkt Bier immer sportlicher wird, sondern weil die starke langjährige Präsenz von Biermarken im Sport zu einer immer besser gelernten Assoziation zwischen Bier und Sport führt.

Die Bedeutung des Sponsor-Fittings für den Sponsoringerfolg der Marke ist in der kausalen Wirkungskette schwer zu beurteilen. Ist Sponsor-Fitting nun die Folge eines Sponsorings oder eher die Grundlage der Wirksamkeit eines Engagements im Sport? Die Wahrheit ist sicherlich: beides. Die Passung einer Marke zum Sponsoringobjekt begünstigt speziell die explizite Wirksamkeit eines

Sponsorings. Warum ist dies so? Zunächst geht die Wirkung mit den vorher genannten Heuristiken bei Gedächtnisphänomenen einher. Ist eine Verbindung naheliegend, kann sie leichter im Gedächtnis etabliert werden, sie wird so auch eher bewusst. Auch die Nähe neuronaler Netzwerke — wie zum Beispiel des Netzwerkes „adidas" und des Netzwerkes „Fußball" — begünstigt das Lernen der Assoziation zueinander. Die neuronalen Verbindungen werden schneller aufgebaut und sind leichter wieder abrufbar.

**Welche Faktoren begünstigen das Sponsor-Fitting?**

Es gibt dabei verschiedene Ursachen für eine wahrgenommene Passung zwischen einer Marke und einem Sponsoringobjekt. Die Nähe durch das Produkt oder Produkteigenschaften an sich, wie bei adidas und Fußball oder Motorenöl und der DTM, ist nur eine, wenn auch die stärkste. Gleich danach rangiert die regionale Identität. Gerade Unternehmen aus der Region z. B. eines Fußballvereins werden als besonders passende Sponsoren wahrgenommen, weil die Konsumenten den regionalen Fördergedanken im Sponsoring sehen. Dass eine Supermarktkette wie REWE den 1. FC Köln unterstützt, wird daher als folgerichtig und glaubwürdig angesehen, da das Unternehmen seine Zentrale in Köln hat. Ansonsten würde eine Assoziation mit dem Fußball sicherlich deutlich schwerer fallen. Auch begünstigend für das Phänomen Sponsor-Fitting ist eine lange Tradition der Marke als Förderer im Sport. Eine starke Marke wie Coca-Cola zieht ihre Nähe zum Sport im Wesentlichen aus Jahrzehnten intensiver Sportförderung. Das Produkt an sich ist aufgrund des enormen Zuckergehalts sicher nicht als sportliches Getränk bekannt (derzeit versucht das Unternehmen dieses Handicap durch einen stärkeren Fokus auf die Marke Coca-Cola Zero im Fußball auszugleichen). Diese Faktoren der „natürlichen" Nähe von Marken zum Sport sollten aber nicht darüber hinwegtäuschen, dass Sponsor-Fitting letztlich aber auch die Folge intensiven Sportsponsorings sein kann. Eine Marke, die nicht mit einer Nähe zum Sport aufwarten kann, muss nicht gleich Abstand von einem Engagement im Sport nehmen. Sponsor-Fitting ist lernbar. Je länger eine Marke im Sport engagiert ist, umso stärker wird auch das Sponsor-Fitting ausgeprägt sein.

Sponsor-Fitting kann auch über eine geschickte Argumentation des Sponsorings der Marke hergestellt werden. Die Marke Erdinger Alkoholfrei ist ein

Die Absatzwirkung – Kann Sponsoring auch verkaufen? 5

gutes Beispiel, wie Produkteigenschaften, z. B. der Anspruch ein isotonisches Getränk zu sein, nicht nur durch den Sport sehr glaubwürdig kommuniziert werden kann, sondern auch die wahrgenommene Passung der Marke zum Sport fördert. Es kommt also auf eine geschickte Aktivierung des Sponsoringengagements an.

Abb. 24: Erdinger nutzt den Sport, um die Marke Alkoholfrei glaubwürdig als Sportgetränk zu positionieren.

*Die dritte Wirkungsstufe: Markenwirkung der Sponsoringbotschaft*

### Grenzen der Wirksamkeit des Sponsor-Fittings

Sponsor-Fitting fördert im Wesentlichen die expliziten Wirkungsweisen von Sportsponsoring. Implizite Wirkungen, wie der bereits erläuterte Mere-Exposure-Effekt, finden sich auch unabhängig von der mehr oder weniger starken wahrgenommenen Passung der Marke zum Sponsoringobjekt. Entscheidender für die implizite Wirkung des Sportsponsorings und die emotionalisierende Wirkung eines Engagements ist die Stärke des impliziten Images des Sponsoringobjektes. Aufgrund der Unabhängigkeit des neuronalen impliziten Systems von bewussten präfrontalen Verarbeitungen der Informationen im Gehirn spielt eine kritische Würdigung der Assoziation durch das Bewusstsein dabei keine Rolle. Das implizite System ist rein assoziativ und hinterfragt nicht; das explizite System schlussfolgert und kann Informationen kritisch reflektieren. Sponsoring wirkt aber eher implizit, daher auch jenseits der Effekte des Sponsor-Fittings.

Auch ist die Eindimensionalität des Ansatzes Sponsor-Fitting kritisch zu hinterfragen. Der Nutzen eines Sportsponsorings für eine Marke liegt nicht darin, die Marke passender zum Sport oder zum jeweiligen Sponsoringobjekt erscheinen zu lassen. Was sollte das der Marke bringen? Zweifelsohne würde eine Marke wie adidas davon profitieren. Aber REWE? Was nutzt es der Supermarktkette, sportlicher oder fußballerischer zu wirken? Gar nichts. Entscheidend ist nicht eine gesteigerte Passung der Marke zum Fußball, sondern die implizite Botschaft, die in der Partnerschaft der Marke REWE mit dem 1. FC Köln liegt (sowie dem primären Botschafter der Partnerschaft Lukas Podolski). Und diese implizite Botschaft ist tatsächlich der Kern der Wirkungsweise des Engagements für die Marke. Davon profitiert die Marke REWE. Auf diesen Kern der Wirkung eines Sportsponsorings für Marken soll im nächsten Kapitel näher eingegangen werden. Es ist der eigentliche Wirkungsprozess im Sportsponsoring der von zentraler Bedeutung für die werbenden Marken ist.

# 6 Die Bedeutung des Sponsorings für das Management von neuronalen Markennetzwerken

In diesem Kapitel erfahren Sie, wie Sie Ihre Marke mit Bedeutung und Emotionen aufladen und welche Rolle das Sportsponsoring dabei spielen kann.

## 6.1 Die Bedeutungsstruktur einer Marke

Was ist eine Marke? Diese Frage ist nicht leicht zu beantworten. Verschiedene Autoren fanden höchst unterschiedliche Antworten. Ein wesentliches übereinstimmendes Merkmal der verschiedenen Definitionsversuche ist allerdings die Subjektivität dessen, was eine Marke ausmacht. Eine Marke ist nichts Objektives, wie es ein Produkt oder eine Dienstleistung sein kann. Eine Marke lebt nur in den Köpfen der Konsumenten. Sie ist ein zutiefst psychologisches Phänomen. Und damit letztlich auch ein neurologisches Phänomen.

Eine Marke entsteht aus der Verbindung ganz bestimmter Assoziationen im Gehirn mit einem Zeichen oder einem Symbol. Die spezifische Zeichenstruktur einer Marke sorgt dafür, dass sie erkennbar ist und sich von anderen Zeichen (oder auch anderen Marken) abhebt. Die Zeichenstruktur an sich (das Logo, der typische Schriftzug oder ein spezifisches Symbol) bedeutet für sich aber noch nichts. Sie ist wie ein einzelner Buchstabe für sich genommen bedeutungslos. Erst die neuronalen Assoziationen erfüllen die Marke mit Bedeutung. Sie bestimmen, wofür eine Marke steht, wie sie sich anfühlt, mit welchen Motiven sie verknüpft ist oder, anders ausgedrückt, welche Bedürfnisse des Konsumenten sie befriedigen kann. Eine Marke ist wie ein Versprechen, ein Versprechen auf Belohnung, und Belohnung ist meist Emotion. Nur Emotionen belohnen uns wirklich.

Marken sind demnach Orientierungshilfen für das Gehirn des Konsumenten, welches stetig nach Belohnung strebt. Und dies durch die Befriedigung von Bedürfnissen bzw. dem Erleben von Emotionen. Das Gehirn muss dabei die verschiedenen Bedürfnislagen des Individuums geradezu „managen". In einer komplexen hochindustrialisierten Welt kein leichtes Unterfangen. Marken helfen uns dabei. Das können sie aber nur, wenn sie entsprechende Bedeutungen in sich tragen. Bedeutungen, die meist implizit — also unbewusst — vom Gehirn gelernt und verarbeitet werden und letztlich dem Bewusstsein nur als „ein gutes Gefühl" bei der Markenwahl zugänglich gemacht werden. Warum dieses „gute Gefühl" sich bei den Konsumenten einstellt, ist diesen meist völlig intransparent bzw. kann im Nachhinein nur über Heuristiken „plausibilisiert" werden. Die wahren Beweggründe der Markenwahl bleiben meist im Dunkeln.

Der strategischen Markenführung kommt daher die Aufgabe zu, der Marke eine spezifische implizite Bedeutungsstruktur zu geben, die eng verknüpft mit den Motiven der Konsumenten einen Belohnungs- oder Emotionswert hat. Dabei muss die Marke nicht nur belohnen, sondern sich auch von anderen „Belohnern" abgrenzen. Die Marke muss den Unterschied machen, um nicht in der Austauschbarkeit durch andere Marken bzw. Produkte unterzugehen.

## 6.2 Wie kommt durch Sponsoring Bedeutung in die Marke?

Der spezifischen Bedeutungsstruktur einer Marke liegen entsprechende neuronale Netzwerke zugrunde — kognitive und auch emotionale Verknüpfungen. Das Management dieser neuronalen Netzwerke ist die Aufgabe der Markenführung, letztlich die Aufgabe jeglicher werblichen Kommunikation. Bedeutung kommt natürlich nicht nur über Sponsoring und Werbung in die Marke — aufgrund des Schwerpunkts dieses Buches konzentrieren wir uns aber darauf. Wie kommt aber nun die Bedeutung über Werbung und Sponsoring in die Marke? Wie kann aus dem Symbol, dem Markenzeichen, etwas Bedeutungsvolles entstehen? Letztlich, in dem die Marke mit bedeutungshaltigen Assoziationen angereichert wird, die bereits im Konsumentengehirn vorhanden sind. Die Marke verbindet sich mit vorhandenen Motiven, mit Emotionen und Bedeutungen. Plötzlich ist die Marke nicht mehr nur ein Symbol oder ein Name —eine Aneinanderreihung von Buchstaben —, sie steht vielmehr für Freiheit, für Abenteuer, für Westernromantik, Männlichkeit und der Sehnsucht nach einem selbstbestimmten Leben. (Die meisten Leser werden sicherlich die Marke hinter diesem Profil erkennen — die Zigarettenmarke Marlboro. Auch wenn Marlboro heute andere Wege in der Markenkommunikation geht, sind diese traditionellen Markenassoziationen noch sehr stark). Marken müssen sich daher mit Bedeutungsträgern verbinden, die im Konsumentengehirn vorhanden sind, und dies nicht willkürlich, sondern höchst zielgerichtet.

Der Markenstrategie muss also stets eine klare Vorstellung von der angestrebten Positionierung einer Marke vorangehen. Welches Motiv soll die Marke ansprechen und welche Bedeutungsstruktur leitet sich daraus ab? Wie kann diese Bedeutungsstruktur mit der Marke assoziiert werden? Was sind bereits bekannte Träger dieser Bedeutungsstruktur? Und wie können diese am besten in der Kommunikation eingesetzt werden? Der Marlboro-Cowboy ist letztlich ein Bedeutungsträger, welcher die Marke mit der Bedeutung auflädt (oder anders gesagt: assoziiert), für die er steht. Dies ist aber nur so, weil die Mehrheit der in der westlichen Welt lebenden Konsumenten in ihrer Sozialisation gelernt haben, den Cowboy mit Freiheit und Abenteuer zu assoziieren (den zahlreichen Western aus Hollywood sei Dank).

**Sport als wirkungsvoller Bedeutungsträger**

Sport ist ein ähnlich machtvoller Bedeutungsträger. Fußball, die Olympischen Spiele, die Formel-1 oder Lionel Messi sind solche starken Bedeutungsträger, die Marken fast überall auf der Welt mit einem entsprechenden emotionalen Mehrwert aufladen können. Entscheidend dabei ist allerdings das Positionierungsziel der Marke. Sponsoren sollten daher genau prüfen, ob das gewählte Sponsoringobjekt die Bedeutung in sich trägt, die auch mit der Marke assoziiert werden soll. Dabei ist das implizite Bedeutungsmuster, welches ein Sponsoringobjekt in sich trägt, ausschlaggebend. Es ist also zu prüfen, ob dieses implizite Bedeutungsmuster im Einklang mit den Positionierungszielen der Marke steht.

**Beitrag des Sportsponsorings zur Markenpositionierung**

Wird Sportsponsoring so verstanden, hört dieses Kommunikationsinstrument auf, lediglich eine Ergänzung klassischer Werbeformen zu sein, welches die Bekanntheit der Marke zusätzlich erhöht. Erst diese Betrachtung der Wirkung von Sportsponsoring macht deutlich, dass Sponsoring einen starken Beitrag zur Markenpositionierung leisten kann, stärker noch als klassische Formen der Kommunikation. Im Extremfall können starke Marken auch allein über Eventmarketing und Sponsoring aufgebaut werden und einen Milliardenwert erzielen. Prominentes Beispiel für solch eine Strategie ist die Marke Red Bull. Das

Energiegetränk aus Österreich hat es geschafft, allein mit Eventmarketing und Sportsponsoring eine globale, machtvolle Marke zu werden, deren Markenmythos immer wieder im sportlichen Kontext Bestätigung findet. Dies jüngst in der Formel-1 und in der Person Sebastian Vettel.

Abb. 25: Erfolgreicher Markenbotschafter für Red Bull: Sebastian Vettel

**Implizite Bedeutung eines Sponsorships**

Die moderne Sponsoringwirkungsforschung stellt verschiedene Verfahren zur Verfügung, die impliziten Bedeutungsmuster von Sportmarken transparent zu machen. Dadurch kann Sportsponsoring zielgenau zur Markenpositionierung eingesetzt werden und entfaltet so sein ganzes Wirkungspotenzial.

Es soll noch einmal darauf hingewiesen werden, dass eine Unkenntnis der impliziten Bedeutung eines Sponsorships nicht nur die Gefahr der Wirkungslosigkeit des Engagements in sich trägt, sondern auch das Risiko, die sponsernde Marke mit falschen, nicht strategie-konformen Bedeutungsmustern aufzuladen und dadurch noch zu schwächen. Der Ansatz einiger Sponsoren, ihr Sponsorship ausschließlich zur Steigerung der Markenbekanntheit einzusetzen, ist geradezu naiv. Die implizite Bedeutung des Sportkontextes wird immer mittransportiert. Eine neutrale Kommunikation nur des Markennamens oder Logos ist im Sport unmöglich.

Das folgende Kapitel 7 beschäftigt sich mit den analytischen Möglichkeiten der modernen Sponsoringwirkungsforschung, welche Sportsponsoring als markenstrategisches Kommunikationsinstrument auf Positionierungsziele hin ausrichten und planbar machen können.

# 7 Messmethoden der Sponsoringwirkungsforschung

Dieses Kapitel behandelt die Frage, wie sich die Wirksamkeit eines Sponsorings messen lässt. Sie lernen Messansätze kennen, um die Wirkung von Sponsoringmaßnahmen zu beurteilen. Einen Schwerpunkt bilden dabei Methoden aus der impliziten Forschung sowie interessante neue Ansätze wie das „Eye-Tracking".

**Lässt sich die Wirksamkeit eines Sponsorings überhaupt messen?**

„If you cannot measure it — you cannot manage it". Diese alte Managementweisheit hat eine besondere Bedeutung für alle werblichen Kommunikationsmaßnahmen, so auch für das Sportsponsoring. Der Sinn und Zweck jeder Maßnahme ist fraglich, wenn die Wirkung nicht zweifelsfrei erfasst werden kann. Wenn sie letztlich nicht messbar ist. Auch ist eine vernünftige Steuerung solcher Maßnahmen unmöglich, wenn nicht bekannt ist, welchen Effekt sie eigentlich haben bzw. ob überhaupt ein Effekt vorliegt. Seit Anbeginn der Professionalisierung des Kommunikationsinstruments Sportsponsoring wurde die Frage gestellt, wie sich die Wirksamkeit eines Sponsorings überhaupt messen lässt. Die privatwirtschaftlich organisierte Sponsoringforschung fand auf diese Frage zunächst zwei Antworten.

Zum einen wurde die Analyse der Exposition der Sponsoringbotschaft in den Massenmedien sowie der Reichweite, d. h. der Anzahl der Personen, die während der Exposition der Botschaft Kontakt mit dem Werbeträger (z. B. dem entsprechenden Sportprogramm im TV) hatten, in den Fokus der Aufmerksamkeit der Forscher gerückt. Die Medienanalyse war geboren. Auf der anderen Seite wurden klassische Verfahren der Markt- und Umfrageforschung eingesetzt, um die Erinnerung an sponsernde Marken bei den Konsumenten zu messen. Damit war man im Einklang mit den Ansätzen der klassischen Werbeforschung, die auch mit Recall und Recognition die Wirksamkeit von TV-Spots analysierte.

## 7.1 Messung der Erinnerung an eine Sponsoringbotschaft

Grob kann man die durch Umfragen gemessene Erinnerung an eine Werbebotschaft in ungestützte Verfahren, dem so genannten Recall, und in gestützte Verfahren, der so genannten Recognition, unterteilen.

### Recall — freie Erinnerung an eine Werbebotschaft

Unter einem Recall versteht man die ungestützte freie Erinnerung an eine werbende Marke bzw. Erinnerungen an die Werbebotschaft. Im Kontext des Sportsponsorings haben sich einfache Fragen, welche Marken den Konsumenten als Werber oder auch Sponsoren im Sport (oder enger gefasst als Sponsoren in bestimmten Sportarten oder von bestimmten Events) geläufig bzw. bekannt sind, etabliert. Alle spontanen Antworten werden registriert, kategorisiert und ausgewertet. Bezeichnend für ungestützte Abfragen dieser Art sind die geringen Werteniveaus — nicht viele Konsumenten können sich spontan an Marken als Sponsoren im Sport erinnern — und die häufigen Fehlantworten. Es werden immer wieder Marken genannt, die gar keine Sponsoren sind oder es lediglich vor vielen Jahren waren. Letzteres sind natürlich weniger Fehlantworten als vielmehr Indiz für die nachhaltige explizite Gedächtniswirkung einiger Sponsorships. Noch heute kann man auf die spontane Frage nach den Sponsoren des FC Bayern München die Antwort „Opel" hören. Näher kommt man an die expliziten Erinnerungsspuren eines Sponsorships durch die Fokussierung der ungestützten Fragestellungen auf die Sportart, das konkrete Event oder den Verein bzw. die Branche des Sponsors. Die Sponsoringwirkungen ungestützt abgefragt sind am ehesten als die Top-of-Mind-Erinnerungsspuren zu interpretieren. Ungestützt genannte Sponsoren konnten eine sehr starke Assoziation mit dem Event bei den Konsumenten aufbauen und werden so spontan genannt. Dies bedeutet aber nicht, dass alle anderen Sponsoren, die bei solch einer Abfrage gar nicht oder nur von sehr wenigen Teilnehmern der Befragungen genannt werden, wirkungslos geblieben sind. Gestützte Abfragen helfen hier, die Wirkung auch solcher weniger dominant assoziierten Sponsoren sichtbar zu machen.

## Recognition — unterstützte Erinnerung an eine Werbebotschaft

Die Recognition stützt die Abfrage nach der Bekanntheit der Sponsoren, indem Markennamen genannt oder bildlich gezeigt werden. Bisweilen werden die Marken auch bildlich im Kontext ihres Sponsorings (z. B. auf einer Bande) gezeigt. Durch diese akustische oder visuelle Aktivierung erhöht sich die Erinnerungsleistung der Konsumenten deutlich. Ebenso erhöht sich bei den Befragten aber auch die Tendenz, nicht nur Erinnerungen anzugeben, sondern spontane Heuristiken anzuwenden, also Marken zu nennen, die im Sportumfeld vermutet werden, dort aber nie wirklich wahrgenommen wurden. Der ungestützte Recall misst daher valider die Bekanntheit von tatsächlichen Sponsoren, Marken mit geringem Sponsoringdruck werden so aber häufig nicht genannt. Die Recognition erfasst auch die Erinnerungswirkung solcher Marken recht zuverlässig, dies aber zu dem Preis häufiger Fehlassoziationen. Eine fachgerechte Anwendung solcher Umfragetechniken und die Interpretation der resultierenden Forschungsergebnisse durch Experten auf dem Gebiet fällt daher eine besondere Bedeutung zu.

Methoden, die die Exposition der Werbebotschaft in den Medien und die Erinnerung an die Sponsoringbotschaft durch den Konsumenten messen, haben sich in der Sponsoringwirkungsforschung etabliert und kommen häufig bei der Wirkungsanalyse von Sportsponsorings zum Einsatz. Sie bilden eine wichtige Basis für die Evaluation eines Sponsorings. Die Medienanalyse kann nicht nur zur quantitativen Beurteilung eines Engagements herangezogen werden. Sie gibt auch bedeutsame Hinweise für die Qualität der Exposition der Markenbotschaft und trägt somit auch zur Optimierung eines Sponsoringengagements bei. Die beschriebenen Umfragetechniken helfen, einen ersten Eindruck über die Durchsetzungsstärke eines Sponsorings und dessen Markenwirkung zu erhalten. Unter dem Blickwinkel der modernen Erkenntnisse der Neuropsychologie sind sie aber noch nicht ausreichend, um Sponsoring adäquat zur emotionalen Markenführung beurteilen und einsetzen zu können. Es fehlt die Analyse der impliziten Wirkungsebene! Wie ist das genau zu verstehen?

## 7.2 Analyse und Messung der impliziten Wirkungsebene

Die Messung der medialen Exposition von Sponsorships bildet zwar die Grundlage für die Reichweite eines Engagements, über die Wirkung dieser Maßnahmen lässt sie aber nur wenig valide Aussagen zu. Die Exposition der Sponsoringbotschaft in den Medien führt nicht zwangsläufig zu einer Wirkung. Wird die Sponsoringbotschaft nicht beachtet oder bleibt sie zu peripher und unterschwellig, dann wird keine Wirkung beim Rezipienten zu erwarten sein. Ein Schicksal, das sicherlich viele werbliche Expositionen im Sport haben. Sie bleiben ein visuelles Hintergrundrauschen, das ohne Effekt an den Rezipienten vorbei geht.

Wie sieht es mit der Erinnerung der Konsumenten an sponsernde Marken aus, dem klassischen Werberecall? Bildet er ein adäquates Verfahren, um die Wirksamkeit von Sportsponsoring messbar und transparent zu machen? Zunächst ist die Erinnerung an das Sponsoring einer Marke sicherlich ein starkes Indiz für die Wirksamkeit dieses Engagements. Dass die Menschen Marken korrekt als Sponsoren erinnern, sollte die Folge von Lern- und Gedächtniseffekten durch die Markenexposition im Sportkontext sein. Das ist naheliegend. Daraus erklärt sich auch die Bedeutung, die den so genannten Awarenessrankings zugewiesen wird. Die Marken, welche Top-of-the-Ranking sind, hält man für die Gewinner im Kampf um die Aufmerksamkeit, Marken, die nur wenig oder gar nicht genannt werden, sind die Verlierer und erscheinen als wirkungslose Sponsoren. Ist diese simple Schlussfolgerung aber wirklich gerechtfertigt?

Wir haben an verschiedenen Stellen in diesem Buch schon festgestellt, dass die Wirksamkeit von Sportsponsoring auf Marken sich häufig implizit vollzieht. Sie ist den Konsumenten meist nicht bewusst. Eine Frage, die auf eine Bewusstheit der Wirkung abzielt, muss demnach beschränkt in seiner Aussagefähigkeit sein. Des Weiteren ist es wichtig festzustellen, dass es DIE Wirkung eines Sportsponsorings gar nicht gibt. Die Erinnerungswerte bilden immer nur ein Indiz bzw. einen Indikator für die Wirkung eines Sponsorings, sie stellen aber nicht die Wirkung — speziell nicht die emotionalisierende Wirkung auf Marken — an sich dar. Diese realisiert sich nämlich in der Veränderung der, auch emotionalen, Assoziationen der sponsernden Marke gegenüber. Auch ist das Ziel einer Kommunikation im Sport nicht primär ein Bewusstsein für dieses Sponsoring an sich zu schaffen, etwa im Sinne von deklarativem Faktenwissen (wie man sämtliche Päpste der letzten 500 Jahre aufzählen kann, wenn man diese auswendig gelernt hat). Vielmehr geht es darum, Markennetzwerke zu beeinflussen und Marken emotional aufzuladen. Die reine Bekanntheit einer Marke als Sponsor zeigt dabei noch nicht, ob dieses Ziel der Markenbeeinflussung in der gewünschten Form erreicht wurde. Und anders herum, auch wenn keine spontane Erinnerung an einen Sponsor gemessen werden kann, bedeutet dies auch nicht zwangsläufig Wirkungslosigkeit. Ganz im Gegenteil, die implizite Wirkung kann massiv sein, die spontane Erinnerung aber dennoch dürftig.

Es bleibt also festzuhalten, dass die traditionellen Instrumente der Sponsoringwirkungsforschung einer Ergänzung durch implizite Messverfahren erfahren sollten, um einen umfassenden Einblick in die Markenwirkung eines Sponsorings zu ermöglichen oder — anders ausgedrückt — um das gesamte Potenzial des Sportsponsorings zur strategischen emotionalen Markenführung nutzen zu können. Eine zielführende Sponsoringwirkungsforschung sollte eben auch den Einfluss eines Sportsponsorings auf die Marke abbilden — dem assoziativen Markennetzwerk — und belegen, inwieweit das Sponsoring ein Treiber für die Markenemotionen und die Markenrelevanz ist. Genau an dieser Stelle setzen moderne Verfahren der Sponsoringforschung an. Zu diesen Verfahren gehören das Eye Tracking und implizite Messansätze der emotionalen Sponsoringwirkung.

## 7.3 Eye-Tracking – Ein Quantensprung in der Aufmerksamkeitsmessung

Die mediale Exposition einer Sponsoringbotschaft ist der Ursprung aller Wirkungsweisen, die solch ein Engagement nach sich ziehen kann. Natürlich abgesehen von den Kontakten mit den Eventbesuchern, die allerdings zahlenmäßig häufig limitiert sind, wenngleich sie qualitativ recht hochwertig sein können. Größere Reichweiten erzielen Sponsorships aber meist über die Massenmedien. Die Medienanalyse dokumentiert diese Expositionen. Die Exposition alleine bringt aber noch keine Wirkung, wie die Abbildung unten eindrucksvoll belegt. Die Bande von Intersport erzielt sehr substanzielle Expositionswerte. Sie ist groß, recht zentral platziert und gut sichtbar. Aber schauen die TV-Zuschauer diese Bande wirklich an? Erzielt diese Werbebotschaft so etwas wie Aufmerksamkeit, der erste Schritt in der Wirkungskette? Das Bild zeigt, dass dies nicht der Fall ist.

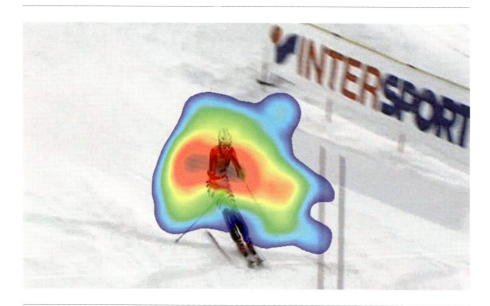

Abb. 26: Die Heat-Map zeigt, dass trotz guter Sichtbarkeit keine Aufmerksamkeit der Zuschauer auf der Intersport-Bande ruht.

Die Heat-Map zeigt deutlich, dass alle TV-Zuschauer den Skisportler gebannt folgen, sichtbar gemacht durch die farblichen Felder. Aufmerksamkeit für die Werbebande ist nicht feststellbar, nicht einmal vereinzelt. Solche Analysen ermöglicht ein Verfahren, welches als Eye-Tracking bezeichnet wird.

# Eye-Tracking – Ein Quantensprung in der Aufmerksamkeitsmessung

> **INFO-BOX   Was ist Eye-Tracking?**
>
> Generell versteht man unter Eye-Tracking ein apparatives Verfahren, welches die visuelle Aufmerksamkeit misst, indem einzelne Blicke und Blickverläufe von Zuschauern aufgezeichnet werden. Die Blicke werden mittels Infrarot-Technik computergestützt und millimetergenau erfasst und registriert. Dies ermöglicht die exakte Analyse der Aufmerksamkeit, welche die TV-Zuschauer den einzelnen Elementen eines Bildes oder einer TV-Übertragung schenken. Moderne Eye-Tracker sind berührungslos und sehr klein, der TV-Zuschauer merkt kaum, dass er mittels Blickaufzeichnung analysiert wird.

Speziell in der Sponsoringwirkungsforschung können so die Bedingungen ermittelt werden, die die Aufmerksamkeit der Zuschauer auf die werblichen Elemente im Sport richten. Zusätzlich zu Informationen über die reine Exposition der Sponsoringreize durch eine Medienanalyse kommt eine entscheidende Dimension hinzu, nämlich die der visuellen Aufmerksamkeit durch die Rezipienten. Eye-Tracking-Analysen schaffen somit einen detaillierten Einblick in die tatsächliche Aufmerksamkeitswirkung der Werbemittel im Sport. Etwas, das mit traditionellen Recall-Messungen unmöglich zu erreichen ist. Exemplarische Ergebnisse einer Eye-Tracking-Analyse im Wintersport veranschaulichen den Nutzen dieses Analyseverfahrens.

**Ergebnisse einer Eye-Tracking-Analyse im Wintersport**

Das Forschungs- und Beratungsunternehmen SPORT+MARKT hat im Rahmen der Wintersportsaison die Eye-Tracking-Methodik eingesetzt, um das Zuschauerverhalten gegenüber Sportsponsoringmaßnahmen in verschiedenen Wintersportdisziplinen zu untersuchen und entsprechend sowohl nach quantitativen als auch qualitativen Kriterien zu vergleichen. Die Zielsetzung der Studie lag dabei neben der allgemeinen Grundlagenforschung von Zuschauerverhalten im Wintersport auf der konkreten Beurteilung einzelner Werbeflächen gemäß ihrer Aufmerksamkeitsstärke respektive ihrer Tauglichkeit als Projektionsfläche für Sponsoren.

Durch die Kombination der Verfahren der Medienanalyse und den Methoden des Eye-Tracking war es darüber hinaus möglich, die gewonnenen Daten der direkten Fixationen einer Werbefläche in Relation zu deren potenzieller Medienpräsenz zu setzen und auf diese Weise ein Effektivitätsmaß zu bilden. Des Weiteren wurden die Daten mit Wirkungsparametern der klassischen Sponsoringforschung (Event-Day-After-Recalls) in Verbindung gesetzt. Die Eye-Tracking-Resultate korrelierten deutlich stärker mit nachgelagerten Wirkungsparametern — wie dem ungestützten Recall oder der gestützten Recognition — als es die reinen Sichtbarkeiten der Sponsoringbotschaften für gewöhnlich tun. Generell lassen sich aus der Studie sowohl allgemeine Erkenntnisse ableiten als auch disziplinspezifische Ergebnisse feststellen. Unabhängig von der gezeigten Wintersportart fixieren Zuschauer meist die Gesichter von Personen auf dem Bildschirm. Werbeflächen in Gesichtsnähe (Kragen, Hals, Mütze, Helm) profitieren dabei stark von diesem Effekt, gleich, ob es sich bei der gezeigten Person um einen Sportler, Trainer oder Betreuer handelt.

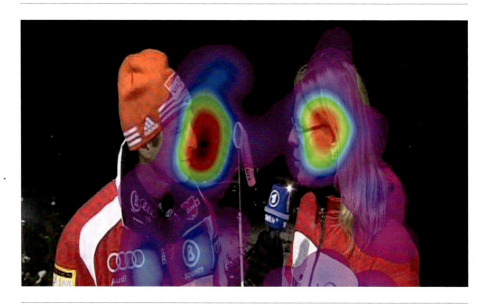

Abb. 27: Nahe den Gesichtern platzierte Werbebotschaften werden intensiver fokussiert als entferntere Werbereize.

Entsprechend erzielten diese Werbeflächen hohe Aufmerksamkeitswerte. Ebenso lässt sich unabhängig von der jeweiligen Disziplin festhalten, dass Werbeflächen auf Thermobekleidung, wie sie von Trainern, Betreuern oder

Sportlern vor und nach dem Rennen getragen wird, vergleichsweise häufiger und länger fixiert werden als Werbeflächen auf den Wettkampfanzügen der Sportler. Bei einem Vergleich nach Sportart ließen sich je nach Disziplin erhebliche Unterschiede in der Wahrnehmung von klassischen Werbeflächen im Wintersport ausmachen.

Einen entscheidenden Einfluss auf die visuelle Aufmerksamkeit des Zuschauers hat den Ergebnissen der Studie nach die sportspezifische Dynamik der jeweiligen Disziplin. Auffallend ist, dass bei einem schnelleren Bildverlauf die Blickmuster der Zuschauer homogener werden. Für die verschiedenen Wintersportarten bedeutet das konkret, dass Disziplinen mit einer höheren visuellen Dynamik, wie z. B. Ski alpin oder Skispringen, den Zuschauer bei der Betrachtung stärker fordern bzw. anstrengen. Während der Abfahrt beim Ski alpin oder der Anlaufsequenz beim Skispringen ist der Zuschauer darum bemüht, den Sportler im Fokus zu behalten. Was darüber hinaus vom Zuschauer ohnehin lediglich peripher wahrgenommen wird, verschwimmt zusätzlich durch die Geschwindigkeit des Sportlers und der rasanten Kamerafahrt. Ein bewusstes Fixieren und Wahrnehmen von Brandings auf dem Rennanzug des Sportlers oder von Bandenwerbung im Umfeld ist dementsprechend erschwert. Bei weniger dynamischen Sportarten hingegen hat der Zuschauer die Möglichkeit, sich auf dem Bildschirm länger zu orientieren und damit mehr von der Umgebung — inklusive Werbeflächen — wahrzunehmen.

## 7.4 Messung der impliziten Markenwirkung

Wie bereits an verschiedenen Stellen erläutert, ist der zentrale Wirkungsschritt des Sportsponsorings der Einfluss auf das emotionale Markennetzwerk — den Assoziationen, welche die Marke mit Sinn und Bedeutung aufladen. Besonders relevant dabei sind die Markenemotionen, die über die Assoziation mit den hoch emotionalen Sportmarken aufgebaut werden können. Markenemotionen sind häufig nur implizit messbar, anders als starke biogene Emotionen, die mit physiologischen Veränderungen und einem entsprechendem subjektivem Erleben einhergehen.

Markenemotionen arbeiten eher im Untergrund, im Verborgenen. Auch introspektiv haben die Konsumenten nur einen eingeschränkten Zugriff auf die Markenemotionen — sie schlichtweg danach zu fragen, ist daher von einem eher zweifelhaften Wert. Dennoch kennt die moderne psychologische Diagnostik einen Zugriff auf diese implizite Seite der Marken. Zum einen sind es die Verfahren der *Neuroforschung* wie das EEG oder das fMRT. Zum anderen werden die Verfahren der *Reaktionszeitmessung* eingesetzt, den so genannten Implicit-Association-Tests oder verwandten Verfahren.

Eine nähere Erläuterung der Verfahren der Neuroforschung findet sich in der folgenden Info-Box. Es soll an dieser Stelle nicht weiter darauf eingegangen werden, da diese Verfahren zur Analyse der impliziten Markenassoziationen beim gegenwärtigen Stand der Forschung nur wenig tauglich sind. Noch bilden sie zu ungenau die Brücke zwischen den Vorgängen im Gehirn, deren Verortungen und zeitlichen Auflösungen, sowie der inhaltlichen Bedeutung der Markenassoziationen. Gerade im Sponsoring kommt in der neurologisch orientierten Wirkungsforschung ein weiteres substanzielles Problem hinzu. Die neurologischen Reaktionen während einer Sportrezipienz werden stark durch die Verarbeitung des Sportgeschehens selbst überlagert. Es ist dabei weitestgehend unklar, welche Aktionspotenziale nun dem Sport und welche der Verarbeitung der werblichen Reize im Sportkontext zuzuweisen sind. Ein weiterer einschränkender Faktor sind die erheblichen Kosten neurowissenschaftlicher Forschung bei gleichzeitig geringer Aussagekraft und Praxistauglichkeit der Ergebnisse.

**INFO-BOX    Messverfahren der neurowissenschaftlichen Forschung**

Die Neurowissenschaften streben danach, das Erleben und Verhalten der Menschen durch die Analyse der neurologischen Vorgänge im Gehirn besser zu verstehen. Dazu stehen verschiedene Methoden der Messung der Vorgänge im Gehirn zur Verfügung. Der direkte Weg in das Gehirn ist der Einsatz von *Mikroelektroden*. Dies sind feine Nadeln, die das elektrochemische Geschehen in den Neuronen direkt messen. Zur Anwendung kommt dieses Verfahren allerdings nur bei freigelegten Gehirnen, also entweder an Versuchstieren oder bei Patienten mit einer Gehirn-OP. Für die Forschung an gesunden Menschen eignen sich eher die non-invasiven Verfahren, die von außen die Gehirnströme messbar machen. Das *EEG*

(*Elektroenzephalographie*) leitet mit Hilfe von Elektroden, die an der Kopfoberfläche befestigt werden, die cortikalen Hirnströme ab. Der Vorteil des EEG ist die gute zeitliche Auflösung. Die Aktivitäten können im Bruchteil von Sekunden gemessen werden (was auch die Verarbeitungsgeschwindigkeit im Gehirn ist). Ein großer Nachteil ist, dass subcorticale Vorgänge so nicht erfasst werden können. Hier liegt die Stärke des *PET* (*Positronen-Emission-Tomographie*) und der *funktionalen Magnetresonanztomographie* (*fMRT*). Beide Verfahren ermöglichen die Messung auch subkortikaler Vorgänge im Gehirn und können diese auch dreidimensional bildlich darstellen, wobei diese Bilder nicht direkt aus den Messungen abgeleitet werden, sondern das Ergebnis komplexer Rechenprozesse sind. Diese Verfahren messen die Hirnaktivitäten indirekt, indem sie den erhöhten Glucose- und Sauerstoffverbrauch in aktiven Hirnbereichen sichtbar machen. In der Literatur hat sich auch der Begriff „Hirnscanner" durchgesetzt. Die räumliche Auflösung dieser Verfahren ist sehr gut, die zeitliche dagegen eher schlecht (ca. 1 Sekunde oder mehr). Daher wird in der modernen Neuroforschung häufig eine Kombination aus PET/fMRT und dem EEG für Versuche gewählt. Eine Alternative ist auch das MEG (Magnetoenzephalographie) mit guter zeitlicher und räumlicher Auflösung. Dieses Verfahren misst die magnetischen Aktivitäten im Gehirn, welche durch die elektrischen Ströme aktiver Neuronen entstehen.

Bei den genannten neurowissenschaftlichen Verfahren bleibt die Schwierigkeit der apparativen Messung. Eine lebensnahe Testsituation oder komplexes sowie natürliches Stimulusmaterial sind nahezu ausgeschlossen. Der Proband liegt in einer schmalen Röhre, darf sich nicht bewegen und blickt auf einen kleinen Bildschirm. Auch die Komplexität neuronaler Prozesse macht die Ergebnisse häufig nur schwer eindeutig interpretierbar.

**Verfahren der Reaktionszeitmessung**

Eine für die angewandte Forschung tauglichere Alternative sind die Verfahren der Reaktionszeitmessung, auf die im Folgenden näher eingegangen wird. Die so genannte implizite Diagnostik geht davon aus, dass das Konsumverhalten (wie das sonstige Verhalten von Menschen auch) nicht immer auf einer bewussten Ebene willentlich gesteuert wird. Häufig verhalten Menschen sich sogar konträr zu dem, was sie eigentlich bewusst wollen. Hier stoßen herkömmliche Befragungsmethoden an ihre Grenzen. Speziell die experimentelle Psychologie hat in den letzten Jahren geeignete Messinstrumente entwickelt, um auch unbewusste mentale Sachverhalte — das so genannte implizite System — messbar zu machen und damit in der Analyse der Werbewirkung und des Konsumverhaltens berücksichtigen zu können.

Eine in der Praxis häufig angewendete Methode zur Analyse des impliziten Systems ist das Reaktionszeitmessverfahren. Die Logik dieser impliziten Methoden ist einfach: Menschen werden nicht gefragt, woran sie sich erinnern oder warum sie welche Präferenzen haben. Vielmehr werden ihre Reaktionen betrachtet und die dafür erforderliche Zeit im Millisekundenbereich gemessen. Analysiert werden dann nur sehr schnelle Reaktionen, so dass dem langsamen expliziten System die Zeit fehlt, diese Antworten zu kontrollieren oder zu modifizieren. Letztlich geht es bei den impliziten Messungen um die Beobachtung spontanen Verhaltens unter experimentellen Bedingungen. Dieses Verfahren gilt damit als ein Zugang zum Unbewussten. Mit Hilfe der kontrollierten Reaktionszeitmessung lassen sich nicht nur implizite und emotionale Markenassoziationen messen (implizite Diagnostik), es lässt sich auch die Wirkung kommunikativer Maßnahmen wie das Sportsponsoring auf die impliziten Markenassoziationen abbilden (implizite Wirkungsforschung).

Aufgrund des methodischen Ansatzes kann dabei sowohl die implizite Wirkung bestehender Engagements auf die Markenassoziationen ex post gemessen werden, als auch in experimentellen Settings ex ante die Markenwirkung nur simulierter Sponsorships Aufschluss über deren Tauglichkeit für die strategische Markenführung geben. Im Folgenden werden die Ergebnisse der impliziten Analyse eines Fußballsponsorships für die Marke Tempo dargestellt. Die Analyse zeigt sowohl die Potenziale der Markenemotionalisierung für die Marke auf als auch die Gefahr einer Schwächung des Markenkerns der Marke Tempo.

## 7.5 Imagetransfer im Fußballsponsoring – Eine Grundlagenstudie

Im Rahmen einer aktuellen Studie hat die SPORT+MARKT AG die implizite Wirkung eines Sportsponsorings näher analysiert. Mittels impliziter Messverfahren lässt sich ein Imagetransfer eines Sportsponsorings auf eine Marke auf einer emotionalen und eher unbewussten Ebene bei den Konsumenten messen. In der Testreihe wurde bei Probanden das Image der Taschentuchmarke „Tempo" implizit gemessen. Die Marke „Tempo" wurde als Testmarke gewählt, da sie eine der wenigen traditionsreichen Marken mit klarem Markenbild ist, die noch nie als Sponsor im Sport aufgefallen ist (Lösung der Zuordnungsproblematik des Wirkungseffekts). Die Methodik der impliziten Messung, die die Reaktionszeit zwischen dem kurzen Einblenden zweier Stimuli (hier die Marke „Tempo" und dem jeweilig entsprechenden emotional besetzten Image-Item wie „Fürsorge") und der motorischen Reaktion (Fingerdruck auf Taste „Passt" bzw. „Passt nicht") im Millisekundenbereich misst, gibt Auskunft über die implizite Repräsentanz psychischer Konzepte (hier der Marke „Tempo") im menschlichen Gehirn. Marken, verstanden als neuronale Netzwerke, die Produkteigenschaften und Emotionswelten miteinander verknüpfen, werden mittels Werbung und Sponsoring emotional wie kognitiv aufgeladen, d. h. die Verbindungen zwischen dem mentalen Markennetzwerk zu emotionalen und kognitiven Bewertungen werden gestärkt. Sie bekommen für den Konsumenten Bedeutungen, die den reinen Produktnutzen übersteigen. Dies wurde im Kontext eines Fußballsponsorings für die Marke „Tempo" analysiert.

**Schritt 1: Messung des impliziten Markenimages**

In einem ersten Schritt wurde das Markenimage der Marke „Tempo" auf der impliziten Ebene mittels Reaktionszeitmessungen analysiert. Zum Einsatz kam ein Set stark emotional besetzter Begriffe. Dabei zeigt sich, dass die implizite Beurteilung der Marke „Tempo" sehr durch das Motiv der Sicherheit dominiert wird. Sicherheitsbezogene Motiv- und Emotionsqualitäten stehen deutlich im Vordergrund des Markennetzwerkes. Sicherheit, Tradition, Fürsorge und Geborgenheit sind implizit mit der Marke stark assoziierte Qualitäten. Ein ähnlich hohes Niveau erreichten nur noch die Aspekte Funktionalität und Leistung.

Diese Dimensionen sind offensichtlich stark von der Produktnutzung und den praktischen Erfahrungen der Konsumenten bestimmt. Eine schwache Assoziation erreicht die Marke im Bereich Erregung und Aktivierung (das Streben des Menschen nach Spannung und Abenteuer). Markenaspekte wie Dynamik, Mut, Kampfgeist oder Adrenalin werden kaum mit „Tempo" assoziiert.

### Schritt 2: Aufladen der Marke mit Emotionen

In einem zweiten Schritt wurde die Marke Tempo durch ein Fußballsponsoring emotional aufgeladen. Die Probanden sahen eine konstruierte Bildwelt mit Tempo als klassischen Fußballsponsor im Umfeld emotionaler Spielszenen. Tempo wurde dabei auf Trikots, Banden und als Insert-Sponsor präsentiert.

### Schritt 3: Erneute Messung des Markenimages

Im Anschluss wurde das Image der Marke erneut implizit gemessen. In einer Kontrollgruppe wurde statt der Bildwelten des Fußballsponsorings eine neutrale mentale Suchaufgabe präsentiert. Der Vergleich mit der Kontrollgruppe zeigt deutlich den starken und signifikanten Anstieg der Positionierung der Marke im Bereich Erregung und Aktivierung wie etwa bei den Assoziationen mit Begriffen wie Adrenalin, Kampfgeist und Dynamik. Das Sponsoring hatte einen deutlichen Einfluss auf die Markenwahrnehmung und dieser Einfluss hatte eine klare Richtung hin zu der Dynamik des Sports. Dies führte aber auch zu einem deutlichen Rückgang der Antagonisten — namentlich der eher traditionellen und Sicherheit betonenden Werte der Marke.

# Imagetransfer im Fußballsponsoring – Eine Grundlagenstudie

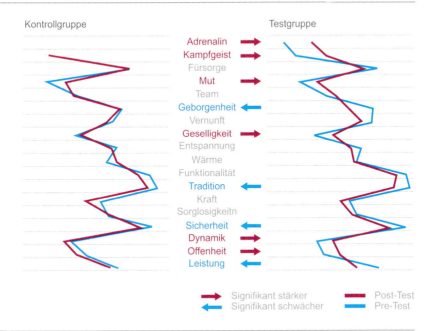

Abb. 28: Impliziter Imageeffekt eines Fußball-Sponsorings auf die Marke Tempo. Während in der Kontrollgruppe das Markenimage stabil bleibt, verändert es sich massiv nach der Rezipienz von Fußball mit Tempo als Sponsor in der Testgruppe.

Dieser Effekt zeigte sich sowohl in der Ausrichtung der Antworten als auch in den Reaktionszeiten. Gerade der negative Effekt auf Aspekte der Marke, die mit „Sicherheit" assoziiert werden, ist aber als deutliche Gefahr für die Markenpositionierung von Tempo zu werten. Ein Fußballsponsoring erscheint für diese Marke also von eher zweifelhaftem Nutzen, schwächt es doch den emotionalen Kern der Marke.

# 8 Zusammenfassung: Wirkung von Sportsponsoring aus neuropsychologischer Sicht

In diesem abschließenden Kapitel wird ein positives Fazit hinsichtlich der Wirkungsmöglichkeiten von Sportsponsoring gezogen. Es zeigt, welch enorme Wirkung Sponsoringmaßnahmen entfalten können, wenn es gelingt, die Marke nachhaltig zu emotionalisieren (Kapitel 8.1). Anschließend wird der Frage nachgegangen, ob die Erkenntnisse aus den Neurowissenschaften uns tatsächlich helfen, die Wirkung von Sponsoring besser zu verstehen. Anhand dieser Fragestellung werden weitere Ergebnisse des Buches zusammengefasst (Kapitel 8.2).

Zusammenfassung: Wirkung von Sportsponsoring aus neuropsychologischer Sicht

## 8.1 Wirkt Sportsponsoring? – Ein erstes Fazit

Sportsponsoring wirkt! Mit Hilfe von Sponsoring lassen sich Marken mit starken emotionalen Bedeutungsmustern aufladen. Entscheidend dabei ist die Stärke der gesponserten Sportmarke an sich. Wie kaum etwas anderes haben Sportler, professionelle Sportvereine, Sportwettbewerbe und Sportevents unverwechselbare und hoch emotionale Assoziationen bei breiten Bevölkerungsschichten aufgebaut. Dies häufig über lange Jahre hinweg. Welcher Fan schwärmt nicht von vergangenen ruhmreichen Tagen seines Lieblingsvereins. Noch über viele Jahre hinweg werden Schlüsselereignisse sportlicher Großereignisse wie Welt- und Europameisterschaften diskutiert. Und immer dabei: die emotionale Beteiligung der Menschen. Sport lässt niemanden kalt. Und die Objekte und Protagonisten des Sports spielen dabei eine entscheidende Rolle. Dies kann sich der Sponsor zu Nutze machen. Er leiht sich geradezu die Emotionswelten seines Sponsoringobjektes und assoziiert sie mit seiner eigenen Marke. Das Ergebnis kann eine hoch emotionale Marke sein, die sich im Wettbewerb speziell dadurch durchsetzt, dass sie nicht nur funktional ist, sondern den Konsumenten emotional überzeugt. Dabei ist von entscheidender Bedeutung die richtige Auswahl des Sponsoringobjektes bzw. des gesamten Sponsoring-Mixes.

Aber nur wenn die emotionale Bedeutungsstruktur des Sponsoringobjektes zum Markenprofil genau die Assoziationen beisteuert, die der Marke eine einmalige, starke Position im Wettbewerb geben und an den Motiv- und Bedürfnisstrukturen der Konsumenten Anschluss finden, kann sich das ganze Wirkungspotenzial eines Sportsponsorings entfalten. Die nackte Bekanntheit der Marke als Sponsor ist dabei nicht das entscheidende Ziel. Sie ist nur Mittel zum Zweck und auch nicht immer notwendig, um Imageziele zu erreichen. Awareness reicht also nicht — die Markenwirkung ist das Entscheidende. Dies gilt es bei der strategischen Sponsoringplanung zu berücksichtigen. Aber nicht nur dort, auch eine Evaluation, die rein auf die mediale Exposition und explizite Erinnerungswerte abzielt, ist nicht hinreichend für eine Erfolgskontrolle. Völlig unberücksichtigt bleibt bei einem solchen Ansatz die „wahre Wirkung" des Sponsorings auf die Marke. Mit welchen emotionalen Assoziationen lädt das Sponsoring die Marke implizit auf? Welche explizite Bedeutung wird mit dem Sponsoring verknüpft? Sind dies die richtigen Assoziationen für die angestrebte emotionale Markenpositionierung? Wie bedeutsam ist

# 8 Wirkt Sportsponsoring? – Ein erstes Fazit

das Sponsoring im Marketing-Mix für die Gestaltung des Markennetzwerkes in den Köpfen der Konsumenten? Und treiben die durch das Sponsoring gestärkten Markenassoziationen die Markenpräferenz und die Markenloyalität? Eine umfassende Sponsoringevaluation muss Antworten auf diese Fragen bieten, und dies sowohl für die explizite wie die implizite Wirkungsweise eines Sportsponsorings.

Was kann der Sponsor tun, damit sein Sponsoring genau dies alles leistet und — im schlimmsten Fall — nicht einfach nur verschwendetes Geld ist? Oder noch schlimmer, der Marke geradezu schadet, indem es die falschen Assoziationen mit ihr verbindet. Das vorliegende Buch hat zu dieser Fragestellung zahlreiche Anregungen gegeben. Zum einen, wie die Wahrnehmung und die Aufmerksamkeit auf die Sponsoringbotschaft erhöht werden kann. Zum anderen, wie die Erinnerung an die Sponsoringbotschaft gestärkt werden kann.

## Das Sponsoringobjekt — zentraler Wirkungsfaktor für sponsernde Marken

Neben der optimalen Gestaltung und Platzierung der Werbemittel im Sport sowie der räumlichen wie zeitlichen Ausdehnung bleibt aber das Sponsoringobjekt als zentraler Bedeutungsträger in den Köpfen der Konsumenten die entscheidende Weichenstellung. Macht die strategische Sponsoringplanung hier Fehler, ist jeder weiterer Optimierungsschritt zum Scheitern verurteilt. In der Praxis wird diesem Umstand noch viel zu wenig Aufmerksamkeit geschenkt. Dies sollte sich ändern. Hat man mit einer geschickten Auswahl des Gesponserten doch ein machtvolles Instrument in den Händen, die eigene Marke erfolgreich zu positionieren und damit das primäre Marketingziel, den Abverkauf, langfristig zu sichern. Dies speziell in Märkten, in denen funktionale Eigenschaften der Marken und die Produktqualität sich zunehmend angleichen. Das Sportsponsoring bietet die Möglichkeit, sich als Marke zu differenzieren — den entscheidenden Unterschied zu machen. Und dieser Unterschied ist emotional — nicht rational.

Zusammenfassung: Wirkung von Sportsponsoring aus neuropsychologischer Sicht

**Aktivierung des Sponsorings**

Von besonderer Bedeutung ist dabei auch die Aktivierung des Sponsorings. Das Sponsoring im Sport an sich kann bisweilen nur eingeschränkt nachhaltig die Markenbotschaft transportieren. Dies sollte mit begleitender Kommunikation rund um das Engagement unterstützt werden. Der integrierten Kommunikation fällt dabei die Aufgabe zu, über alle möglichen Kanäle die Botschaft weiter zu vermitteln. Dies wird den Erfolg des Engagements potenzieren und es nutzt die Kraft einer starken Sportmarke, sich in der schwierigen Situation des werblichen Information Overloads durchzusetzen und Gehör zu verschaffen. Hat man mit dem Sponsoringobjekt doch eine Thema im Gepäck, welches von hohem Interesse für die Konsumenten ist und gleichermaßen emotionalisiert wie fasziniert.

**Sponsoring oder klassische Werbung?**

In diesem Zusammenhang wir häufig die Frage gestellt, was denn besser wirkt? Ein Sponsoring oder klassische Werbung? Eine durchaus spannende Frage. Schaut man in die Bewertungsformeln der Medienanalyse, gibt es eine recht eindeutige Antwort. Sponsoringkontakte werden häufig im Vergleich zu klassischen Werbekontakten deutlich herunter diskontiert. Je nach Sponsoringform werden der Exposition der Maßnahme nur 10-30% der Wertigkeit eines klassischen werblichen Kontaktes gegeben. Dies scheint auf den ersten Blick auch nachvollziehbar. Ist man als Sponsor mit seiner Markenbotschaft doch eher am Rande positioniert, man hat eigentlich nie den gesamten Bildschirm im TV oder die ganze Seite in der Zeitschrift für die eigene Werbung und bisweilen ist man auch zeitgleich mit anderen Werbern oder Sponsoren abgebildet. Bei einem TV-Spot ist das durchaus anders, zumindest für die 20-30 Sekunden der Darbietung des eigenen Spots. Auch die Wissenschaft kommt zu einer ähnlichen Diskontierung des Sponsoringkontaktes. Im Jounal of the Academy of Marketing Science veröffentlichten die Forscher Olson und Thjomoe 2009 eine Studie, die sich genau mit diesem Thema befasste.[1] Auf

---

[1] Olson, E. L. / Thjomoe, H. M. (2009). Sponsorship effect metric: assessing the financial value of sponsoring by comparison to television advertising. Journal of the Academic Marketing Science.

der Basis umfassender Wirkungsanalysen mehrerer Sponsorships fanden sie heraus, dass ein Sponsor im Durchschnitt 127 Sekunden Exposition braucht, um die Wirksamkeit eines 30-sekündigen TV-Spots zu erzielen. Ein TV-Spot ist also ungefähr viermal so wirkungsvoll wie ein Sponsoring. Die Herabdiskontierung eines Sponsoringkontaktes auf im Schnitt etwa 25 % scheint also auch wissenschaftlich durchaus gerechtfertigt. Häufig wird diese Studie herangezogen, um genau dies zu rechtfertigen. Beschäftigt man sich aber intensiver mit dieser Veröffentlichung, so fällt eines auf, nämlich die enorme Streuung der Wirkungsrelationen um den Mittelwert. Während einige Sponsorships eine Konversionsrate zum TV-Spot von gerade mal 5 % erreichten, lag dieser Wert bei anderen Sponsorships bei stolzen 1500 %! Und schlimmer noch, die Autoren fanden heraus, dass Sponsoring deutlich besser Markenpräferenzen und den Kauf von Markenprodukten stimulieren konnte als vergleichbare TV-Spots. Wie ist dies zu erklären? Letztlich zeigt sich hier die enorme Schubkraft, die ein Sportsponsoring für eine Marke entwickeln kann — aber nicht notwendigerweise muss! Dieser enorme Wirkungsboost gelingt nur, wenn das Sponsoring in der Lage ist, die Marke nachhaltig zu emotionalisieren. Und der Schlüssel dazu liegt im Sponsoringobjekt selbst. Starke Sportmarken sind daher — aus der Wirkungsperspektive für werbende Marken gesehen — mit Geld fast nicht aufzuwiegen. Ihre Wirkung übersteigt ihre Kosten um ein Vielfaches. Eine weitere Erkenntnis ist die Sinnlosigkeit der Fragestellung an sich: Was ist besser, ein Sponsoring oder klassische Werbung? Es kommt halt immer darauf an. Man fragt ja auch nicht: Was ist besser, ein Apfel oder eine Birne?

## 8.2 Was bringt die neuronale Wende? – Ein zweites Fazit

Was hat es nun auf sich mit den Neuronen? Helfen sie uns besser zu verstehen, wie Sponsoring wirkt, wenn wir ihnen bei der Arbeit zusehen? Ja und Nein.

Ja, weil die Neurowissenschaften unseren Kenntnisstand über Werbewirkung und Konsumverhalten in den letzten zehn Jahren deutlich erweitert haben.

## Zusammenfassung: Wirkung von Sportsponsoring aus neuropsychologischer Sicht

Viele bereits aus der experimentellen Psychologie bekannte Thesen konnten bestätigt und ergänzt werden. Einige neue Erkenntnisse gesellten sich dazu. Von besonderer Bedeutung ist die Erkenntnis, dass Werbung und Sponsoring auch implizit wirken kann, also am Bewusstsein der Konsumenten vorbei. Zum anderen aber auch die Erkenntnis, dass für die Markenpräferenz und den Konsum die Emotionen ausschlaggebend sind, die an einer Marke haften. Nicht der Verstand der Konsumenten entscheidet sich für eine Marke, er exekutiert nur bzw. rationalisiert diese Entscheidung, die Entscheidung fällt tatsächlich schon viel früher im limbischen System des Gehirns. Marken tun also gut daran, in ihr emotionales Profil zu investieren. Sportsponsoring bietet einen einmaligen Zugang zu nachhaltig wirksamen Markenemotionen. Dies ist der eigentliche Wert eines Sportsponsorings — und häufig haben starke Sportmarken dabei auch ein Alleinstellungsmerkmal. Sie sind einmalig und nicht austauschbar in ihrem emotionalen Profil: es gibt nur einen FC Bayern, nur eine Formel-1 und nur eine FIFA-WM. Ein glücklicher Sponsor, der dabei frühzeitig einen Vertrag vereinbart hat! Findet er so doch eine wirkungsvolle Möglichkeit, seine Marke mit einem einmaligen Emotions-Mix aufzuladen.

Nein, weil die Hirnscanner noch nicht in der Lage sind, die emotionale Wirkung einer kommunikativen Maßnahme exakt genug zu erfassen, um praxisrelevante Schlüsse daraus zu ziehen. Wir hatten bereits an verschiedenen Stellen in diesem Buch festgestellt, dass es sich bei den Markenemotionen eben nicht um biogene Emotionen handelt, die mit bestimmten körperlichen Veränderungen und einen starken Gefühlserleben einhergehen. Markenemotionen sind eher Bedeutungsträger, die Marken letztlich eine Valenz geben und Präferenzen beeinflussen. Neurologisch kann man sie nur sehr grob erfassen. Dennoch kann man sie messbar machen, indem man die impliziten Messverfahren anwendet, die die experimentelle psychologische Forschung zur Verfügung stellt.

**Sponsoring wirkt auch implizit**

Sponsoring wirkt auch implizit! Hier liegt noch ein großer Erkenntnisschatz in der Sponsoringwirkungsforschung, der gehoben werden muss. Wer die ganze Wirksamkeit seines Sponsorships auf die eigene Marke kennenlernen möchte, der wird in Zukunft an impliziten Messverfahren nicht vorbeikommen. Und

# 8 Was bringt die neuronale Wende? – Ein zweites Fazit

dies ist auch gut so, gibt es doch mittlerweile in der professionellen Marktforschung ausreichend implizite Messverfahren, die nicht nur an großen Fallzahlen angewendet werden können und mit aussagekräftigen Ergebnissen aufwarten, sondern die auch bezahlbar sind.

Sponsoring transferiert implizite Bedeutungsmuster der Sportmarke auf die werbende Sponsorenmarke. Hier liegt der große Nutzen eines Sportsponsorings für werbende Marken. Darin liegt aber auch eine substanzielle Botschaft für die Sponsoringobjekte selbst, die Sportmarken. Um ihre Bedeutung für die Sponsoren und damit auch ihren Wert steigern zu können, müssen sie ein starkes emotionales Bedeutungsprofil entwickeln. Sie sollten sich selbst als Marke verstehen und in ihr Markenprofil investieren. Damit steigern sie nicht nur ihre Attraktivität für das sportbegeisterte Publikum und erhöhen damit ihre Zuschauerzahlen und ihre Fan-Gemeinde. Sie machen sich auch für ihre Sponsoren und neue Sponsoringpartner attraktiver.

Wir haben aber auch gesehen, dass die Wirkung einer Sportmarke schädlich für die sponsernde Marke sein kann, wenn das emotionale Bedeutungsprofil nicht kongruent zu der Markenpositionierung bzw. dem Positionierungsziel dieser Marke ist. Hier sollten Sportmarken den potenziellen Sponsoren mit aussagekräftigen Analysen helfen, die richtige strategische Sponsoringentscheidung zu treffen. Letztlich fällt es auch den Sportmarken leichter sich zu verkaufen, wenn sie zeigen und dokumentieren können, wofür gerade sie stehen, und dies auch implizit und emotional.

# Anhang

# Im Text zitierte Literatur

Behrens, G. (1996). Werbung: Entscheidung — Erklärung — Gestaltung. München: Vahlen.

Broadbent, Donald (1958). Perception and communication. London.

Craik, F. I. / Tulving, E. (1975). Depth of processing and the retention of words in episodic memory, in: Journal of Experimental Psychology.

Damasio, A. R. (2004). Descartes Irrtum: Fühlen, Denken und das menschliche Gehirn. München: List.

Duncan, John (1997). Competitive brain activity in visual attention, in: Current Opinion in Neurobiology, Vol. 7.

Falkenau, J. (2011). Dem Wintersport-Fan über die Schulter geschaut. FASPO Sponsoring Jahrbuch. Hamburg: New Business.

Heath, R. (2001). The hidden power of advertising. London: Admap.

Heller, E. (1984). Wie Werbung wirkt: Theorien und Tatsachen. Frankfurt: Fischer.

Königstorfer, J. / Gröppel-Klein, A. (2012). Implicit and explicit attitudes to sponsors and ambushers. European Sport Management Quarterly.

Kroeber-Riel, W./ Weinberg, P./ Gröppel-Klein, A. (2009). Konsumentenverhalten. München: Vahlen.

Lasswell, H. D. (1967). The structure and function of communication in society, in Berelson, B. / Janowitz, M. (Hrsg.): Reader in Public Opinion and Communication. New York.

Möll, T. (2007). Messung und Wirkung von Markenemotionen: Neuromarketing als neuer verhaltenswissenschaftlicher Ansatz. Wiesbaden: Gabler.

Olson, E. L. / Thjomoe, H. M. (2009). Sponsorship effect metric: assessing the financial value of sponsoring by comparison to television advertising. Journal of the Academic Marketing Science.

Packard, V. (1957). The hidden persuaders. / Die geheimen Verführer — Der Griff nach dem Unbewussten in Jedermann (1968). Düsseldorf.

Petty, R. E. / Cacioppo, J. T. / Kasmer, J.A. (1988). The role of affect in the elaboration likelihood model of persuasion, in: Donohew, L. / Sypher, H. E. (Hrsg.). Communication, social cognition, and affect. Hillsdale: Lawrence Erlbaum Associates.

Roth, G. (2003). Fühlen, Denken, Handeln: Wie das Gehirn unser Verhalten steuert. Frankfurt: Suhrkamp.

Schachter, S. / Singer, J. E. (1962). Cognitive, social and physiological determinants of emotional state, in: Psychological Review.

Schacter, D. L. (1996). Searching for memory. New York: Basic Books.

Scheier, C./ Held D. (2008). Wie Werbung wirkt: Erkenntnisse des Neuromarketing. Freiburg: Haufe Mediengruppe.

Sponsors (2010), Die neuronale Wende. Fachmagazin Sponsors. Ausgabe November 2010.

Sponsor-Vision (2012), FASPO Fachverband für Sponsoring.

Vaidya, C. J. / Gabrielli, J. D. E. / Keane, M. M. / Monti, L. A. (1995). Perceptual and conceptual memory processes in global amnesia. Journal of Neuropsychology.

Woodside, F. / Summers, J. (2011). Sponsorship leveraged packaging: An exploratory study in FMCG. Journal of Marketing Communications.

Yang, M. / Roskos-Ewoldsen, D. R. / Dinu, L. / Arpan, L.M. (2006). The effectiveness of „in-game" advertising. Journal of Advertising.

Zajonc, R. B. (1968). Attitudinal effects of mere exposure, in: Journal of Personality and Social Psychology. Monograph Supplement.

# Literaturempfehlungen

Ahlert, D. / Woisetschläger, D. / Vogel, V. (Hrsg.) (2007). Exzellentes Sponsoring: Innovative Ansätze und Best Practices für das Markenmanagement. Wiesbaden: Gabler Edition Wissenschaft.

*Ein Buch voller Beispiele namhafter Unternehmen aus ihrer Sponsoringpraxis. Hier finden Praktiker zahlreiche Anregungen für ein erfolgreiches Sponsoring. Sehr interessant auch das Grundlagenkapitel der Herausgeber, welches die Bedeutung von Sportsponsoring für die Markenführung herausstellt.*

\*

Cornwell, T. B. / Weeks, C. S. / Roy, D. P. (2005). Sponsorship-linked marketing: Opening the black box. In: Journal of Advertising 34.

*Die renommierte Sponsoringforscherin in der akademischen Welt gibt hier einen Überblick über die aktuellen Befunde der Wirkungsforschung im Sponsoring und entwickelt ein umfassendes Modell der Sponsoringwirkung. Neben expliziten Wirkungsansätzen betont sie hier erstmals auch die Bedeutung der impliziten Wirkung von Sportsponsoring und fordert umfassendere Analysen, welche die Wirkung von Sponsoring auch jenseits der Bewusstheit abbilden können.*

\*

Damasio, A. R. (2004). Descartes Irrtum: Fühlen, Denken und das menschliche Gehirn. München: List.

*Damasio stellt hier die Grundlagen seiner Theorie der „Somatic Marker" detailliert vor. Dabei gibt er einen umfassenden Einblick in die Neurologie der menschlichen Emotionen. Ist seine Theorie in Fachkreisen nicht unumstritten, so stellt sie doch eine interessante Heuristik für das Phänomen der Markenemotionen dar. Wer das Original nicht lesen möchte, findet auch eine gute Zusammenfassung der Ableitungen der „Somatischen Markierer" für das Marketing bei Fehse.*

\*

Literaturempfehlungen

Esch, F.-R. (2010). Strategie und Technik der Markenführung. München: Vahlen.

*Das Standardwerk von Esch, welches einen umfassenden Einblick in alle Aspekte der Markenführung gibt. In seiner jüngsten Ausgabe beschäftigt sich Esch auch mit den Ansätzen des Neuromarketings für die Markenführung in einem gesonderten Kapitel.*

*

Fehse, K. (2009). Neurokommunikation: Ein Modell zur Wirkweise von Werbung im Lichte neuester Erkenntnisse der Hirnforschung. Baden-Baden: Nomos.

*In der aktuellen deutschsprachigen Neuromarketing-Literatur das wissenschaftlich fundierteste Buch über die Bedeutung der Neurowissenschaften für die Werbepraxis. Basierend auf ein intensives Literaturstudium und angereichert mit den eigenen Erfahrungen des Autors in der Werbebranche beschreibt Fehse ein Modell der expliziten und impliziten Wirkung von Werbung. Interessanterweise bezeichnet der Autor – ohne dabei näher auf dieses Kommunikationsmittel einzugehen – Sportsponsoring als eine im Wesen implizite Werbemaßnahme.*

*

Felser, G. (2007). Werbe- und Konsumentenpsychologie. Berlin: Springer.

*Der modern Klassiker unter den Lehrbüchern der Werbe- und Konsumentenpsychologie. Felser widmet dem Sponsoring zwar nur eine Seite (von über 500), er geht aber intensiv auf implizite Effekte in der Werbung ein.*

*

Glogger, A. (1999). Imagetransfer im Sponsoring: Entwicklung eines Erklärungsmodells. Frankfurt: Peter Lang.

*Zwar im Buchhandel nicht mehr zu haben, aber in gut sortierten Universitätsbibliotheken immer noch erhältlich. Glogger legte eine bis heute unerreicht gebliebene Zusammenstellung der theoretischen Grundlagen des Phänomens des Imagetransfers durch Sportsponsoring vor. Neben der Fülle an Erklärungsansätzen und dem akribischen Nachzeichnen der Wirkprozesse beim Imagetransfer auf Marken ist auch die Debatte mit dem Buch von Erdtmann interessant und heute noch lesenswert. Damals stellte Glogger bereits den Ansatz der klassischen oder emotionalen Konditionierung als Wirkfaktor im Sportsponsoring in Frage. Glogger nahm aber fälschlicherweise noch an – auch aufgrund der damals noch raren Neuromarketing-Literatur –, dass Sponsoring nur über das Bewusstsein wirken kann. Eine Annahme, die im Lichte der modernen Hirnforschung nicht mehr haltbar ist.*

\*

Heath, R. (2001). The hidden power of advertising. London: Admap.

*Heath wendet konsequent die Erkenntnisse zum impliziten Lernen auf das Kommunikationsmittel Werbung an und legte damit eine bedeutsame Grundlage für die Diskussion um die unbewusste Wirkung von Werbung. In seinem Buch entwirft er auch ein umfassendes Modell zur impliziten Wirkung von Werbung.*

\*

Häusel, H. G. (Hrsg.) (2008). Neuromarketing: Erkenntnisse der Hirnforschung für Markenführung, Werbung und Verkauf. Freiburg: Haufe Mediengruppe.

*Ein guter Einstieg in die deutschsprachige Neuromarketing-Literatur. Zahlreiche namhafte Autoren erläutern ihre Ansätze des Marketings aus neurowissenschaftlicher Perspektive.*

\*

Häusel, H. G. (2010). Brain View: Warum Kunden kaufen. Freiburg: Haufe Mediengruppe.

*Nachfolger des Klassikers „Think Limbic" und Standardwerk zum Thema Neuromarketing. Häusel gibt einen gut lesbaren Überblick über die Ansätze der Limbic Map$^©$ und Limbic Types und erläutert die Ableitungen der Neurowissenschaften für die Marketingpraxis.*

\*

## Literaturempfehlungen

LeDoux, Joseph (2004). Das Netz der Gefühle: Wie Emotionen entstehen. München: dtv.

*LeDoux erläutert sehr umfassend und auch für den Laien leicht verständlich die Entstehung von Emotionen im menschlichen Gehirn und die Bedeutung des emotionalen Unbewussten. Er war einer der ersten Neurowissenschaftler, die implizite emotionale Prozesse als wesentlich für unser Emotionsleben ansahen. Das Buch beinhaltet auch eine interessante Diskussion der klassischen Ansätze der Kognitions- und der Emotionsforschung und zeigt ihre Grenzen aus neuropsychologischer Perspektive auf.*

*

Möll, T. (2007). Messung und Wirkung von Markenemotionen: Neuromarketing als neuer verhaltenswissenschaftlicher Ansatz. Wiesbaden: Gabler.

*Die Dissertation von Möll ist für interessierte Laien zwar schwer zu lesen, die Anstrengung lohnt sich aber. Möll gibt einen wissenschaftlich sehr fundierten Einblick in den aktuellen Forschungsstand des Phänomens der Markenemotionen und erläutert die Befunde einer eigenen fMRT-Studie zum Thema.*

*

Raab, G. / Gernsheimer, O. / Schindler, M. (2009). Neuromarketing: Grundlagen — Erkenntnisse — Anwendungen. Wiesbaden: Gabler.

*Nachdem man sich durch 200 Seiten Hardcore-Neurologie gearbeitet hat, geben Raab et al. einen guten Überblick über die Ansätze des Neuromarketings verschiedener Autoren. Wer die Originale nicht lesen möchte, findet hier eine Zusammenfassung der wesentlichen Ansätze.*

*

Roth, G. (2009). Aus Sicht des Gehirns. Frankfurt: Suhrkamp.

*Roth gibt in diesem Buch einen gut leserlichen Einblick in Aufbau und Funktion des menschlichen Gehirns und schlägt eine Brücke zwischen Neurologie und Psychologie.*

\*

Roth, G. (2003). Fühlen, Denken, Handeln: Wie das Gehirn unser Verhalten steuert. Frankfurt: Suhrkamp.

*Auch für den neurologischen Laien ein hervorragendes Standardwerk zum Verständnis der Neurowissenschaften und ihrer Bedeutung für die Erklärung psychologischer Phänomene. Deutlich umfassender als „Aus Sicht des Gehirns". Wer nicht so viel lesen möchte, kann sich aber auch mit dem letztgenannten Buch gut informieren.*

\*

Scheier, C./ Held D. (2008). Wie Werbung wirkt: Erkenntnisse des Neuromarketing. Freiburg: Haufe Mediengruppe.

*Scheier und Held legen hier ein Standardwerk in der deutschsprachigen Neuromarketing-Literatur vor. Die Autoren erläutern leicht verständlich die Bedeutung des Neuromarketings für die Werbepraxis und betonen die implizite Wirkung von Werbung.*

\*

Literaturempfehlungen

Scheier, C./ Held D. (2009). Was Marken erfolgreich macht: Neuropsychologie in der Markenführung. Freiburg: Haufe Mediengruppe.

*Anknüpfend an ihr Buch „Wie Werbung wirkt" erläutern die Autoren die Bedeutung des Neuromarketings für die Markenführung. Sie nehmen dabei im Wesentlichen die implizite Seite von Marken in den Fokus und erläutern, wie man eine Marke mit impliziten Codes positionieren kann. Des Weiteren schließen sie die Implementierungslücke, sie stellen dar wie die strategischen Werbeziele in konkrete Werbemaßnahmen umgesetzt werden können.*

★

Zaltman, G. (2003). How customers think: essential insights into the mind of the market. Harvard: Harvard Business School Press.

*In der anglo-amerikanischen Literatur der Klassiker des Neuromarketings. Neben grundlegenden Informationen über die Erkenntnisse der Hirnforschung baut Zaltman eine Brücke zum Marketing und wendet die Ergebnisse der Hirnforschung auf Problemstellungen der Marketingpraxis an.*

# Abbildungsverzeichnis

Abb. 1: Kampagne der GWP, die auf die Risiken des Sportsponsorings hinweist — 12
Abb. 2: Typische Sponsoringumfelder mit einer Vielzahl von werblichen Botschaften meist randständig platziert — 13
Abb. 3: Das klassische Kommunikationsmodell in Anlehnung an Lasswell — 15
Abb. 4: Information Overload im Großstadt-Dschungel. Werbliche Botschaften sind allgegenwärtig. — 20
Abb. 5: Grundaufbau des menschlichen Gehirns — 24
Abb. 6: Werbebotschaften auf der Bekleidung von Sportlern — 33
Abb. 7: Werbebotschaften auf den Sportgeräten — 34
Abb. 8: Digitale Bandenwerbung im Fußball — 35
Abb. 9: Aufbau des menschlichen Auges — 47
Abb. 10: Nacktes Pärchen oder Delphine? Während Erwachsene spontan das nackte Pärchen sehen, nehmen Kinder ausschließlich die Delphine wahr. Was wir wahrnehmen, hängt letztlich nicht nur vom Stimulus ab, sondern von der Art und Weise, wie unser Gehirn diesen Stimulus interpretiert. — 51
Abb. 11: Die Werbung der DKB ist nahe den Sportlern platziert. Die Aufmerksamkeit der Zuschauer – dargestellt durch die farbigen Flächen der Heat-Map – fällt auf die Werbebotschaft durch die Nähe zum sportlichen Geschehen. — 54
Abb. 12: Durch das animierte Insert lenkt die spanische Biermarke Mahou die Aufmerksamkeit vom Spiel auf die werbliche Botschaft. Die Einzelanalyse des Blickverlaufs eines Zuschauers zeigt diesen Effekt deutlich. — 54
Abb. 13: Die Bitburger-Flasche dreht sich über das virtuelle Bandenfeld. Sie ist zwar nie ganz sichtbar, erscheint aber aufrecht. — 61
Abb. 14: Das 3-Speicher-Modell — 76
Abb. 15: Schematische Einteilung des menschlichen Gedächtnisses nach Roth (2003). Nach den Befunden der Hirnforschung gibt es sowohl ein explizites, bewusstes Gedächtnis als auch ein implizites, unbewusstes Gedächtnis. — 83
Abb. 16: Das Elaboration-Likelihood-Modell (stark vereinfacht) — 87
Abb. 17: Die idealisierte Lernkurve nach Ebbinghaus — 95
Abb. 18: Typischer Verlauf der Effektstärke des Mere-Exposure-Effekts — 105
Abb. 19: Zwei Gesichter oder eine Vase? Das Gehirn kann in einem gegebenen Moment immer nur eine Interpretation im Bewusstsein aufrechterhalten. — 109
Abb. 20: Idealisierte Lernkurve im Sponsoring (explizites Lernen) — 111
Abb. 21: Basisemotionen nach Izard und Plutchik (Quelle: Möll 2007) — 115

Abbildungsverzeichnis

| | |
|---|---|
| Abb. 22: Kernbereiche des limbischen Systems | 118 |
| Abb. 23: Das assoziative Markennetzwerk der Telekom (stark vereinfacht) | 127 |
| Abb. 24: Erdinger nutzt den Sport, um die Marke Alkoholfrei glaubwürdig als Sportgetränk zu positionieren. | 135 |
| Abb. 25: Erfolgreicher Markenbotschafter für Red Bull: Sebastian Vettel | 141 |
| Abb. 26: Die Heat-Map zeigt, dass trotz guter Sichtbarkeit keine Aufmerksamkeit der Zuschauer auf der Intersport-Bande ruht. | 148 |
| Abb. 27: Nahe den Gesichtern platzierte Werbebotschaften werden intensiver fokussiert als entferntere Werbereize. | 150 |
| Abb. 28: Impliziter Imageeffekt eines Fußball-Sponsorings auf die Marke Tempo. Während in der Kontrollgruppe das Markenimage stabil bleibt, verändert es sich massiv nach der Rezipienz von Fußball mit Tempo als Sponsor in der Testgruppe. | 157 |

# Stichwortverzeichnis

**Symbole**
3-Speicher-Modell     76, 79, 80

**A**
Absatzwirkung des
    Sponsorings     131
Akustische Wahrnehmung     26, 66
Ambush-Marketing     38, 130
Amnesie     80
Amygdala     118, 119
Arbeitsspeicher     76, 97
Aufmerksamkeit     47–49, 63, 84, 88, 97, 106
    Messung     52
    neuronales Modell     50
    psychologisches Modell     50
    Steuerung     53, 55, 65
Aufmerksamkeitsstärke einer
    Werbebotschaft     56
Auge     46

**B**
Bandenwerbung     35, 36, 58, 148
Bedeutung der Sponsoring-
    botschaft     90
Bedeutungsstruktur der Marke     138, 139
Bedeutung von Farben     57
Belohnungssystem     28
Bewegung     58
    im peripheren Sichtfeld     58
Bewusstsein     25, 27, 28
Bildgebende Verfahren     80

Biologische Grundbedürfnisse     25
Branding     79

**C**
Cerebellum     83
Cocktailparty-Effekt     65
Cortex     25, 80, 96

**D**
Digitalbanden     14, 58–60, 63
Dopaminproduktion     93

**E**
Elaboration-Likelihood-Modell
    (ELM)     86
Elektroenzephalographie
    (EEG)     16, 152, 153
Emotionalisierung der
    Marke     111, 112
Emotionen     25, 27, 28, 112, 113, 116, 119, 120, 123, 125, 126, 138, 156
    biologischer Erklärungs-
      ansatz     114
    lerntheoretischer Ansatz     115
    neurologischer Ansatz     117
    neuropsychologischer Ansatz     121
Endhirn     24, 117
Endogene Faktoren der Auf-
    merksamkeitssteuerung     55, 62
Erinnerung an eine
    Werbebotschaft     144
Exogene Faktoren der
    Aufmerksamkeitssteuerung     55

Explizites Gedächtnis 84
Explizites Lernen 101
Exposition der Sponsoring-
botschaft 44, 103, 104, 143
Eye-Tracking 59, 143, 147–149

**F**
Farben
   Bedeutung 57
Farbgestaltung der Werbe-
botschaft 56
Fixationen 48, 65
Fovea Centralis 46
Functional Magnet Resonance
Imaging (fMRI) 16
Funktionale Magnetresonanz-
tomographie (fMRT) 153
Fusiform Face Area (FFA) 64

**G**
Gedächtnis 81, 98
   explizites und implizites 82
Gedächtnisforschung 76, 82
Gehirn 25, 75, 80, 138
   Energieverbrauch 26
   Ortscode 26
Gestaltpsychologie 108
Gestaltung der werblichen
Botschaft 71
Gewinnspiele 90
Gewohnheiten 86
Give-aways 90
Größe der Werbemittel 56
Großhirnrinde 25, 119

**H**
Heat-Map 54, 148
High-Involvement 29
High-Involvement-Processing 88
Hinweisreize 100
Hippocampus 80, 97, 119
Hirnscanner 16
Hypothalamus 118, 119

**I**
Imagetransfer 103, 111, 128, 155
Impertinenz eines Reizes 59
Implicit-Association-Test 152
Implizite Bedeutung der
werblichen Gestaltung 60
Implizites Gedächtnis 84, 98
Implizites Lernen 97, 101
   Störfaktoren 100
Implizite Wahrnehmung von
Werbebotschaften 64
Implizite Wirkung des
Sponsorings 164
Inflatables 35
Information Overload 20, 21, 162
Informationsaufnahme 48
Informationsverarbeitung 77, 80
Inserts 59

**K**
Kameraführung 36
Key-Visuals 34, 44, 100
Kippbilder 109
Klassische Werbeforschung 143
Klassische Werbung 162
Kleinhirn 24
Kognitionen 125, 129

| | | | |
|---|---|---|---|
| Kognitionsforschung | 105 | Markenassoziationen | 129 |
| Kognitive Prozesse | 116 | Markenbekanntheit | 103, 108, 111, 131 |
| Kommunikationsmodell (Lasswell) | 14 | Markenbotschaft | 23, 60, 95, 100, 106, 145, 162 |
| Konsumentenansprache | | Markenemotionalisierung | 103 |
| in der Werbung | 22 | Markenemotionen | 120, 122 |
| mit Emotionen und Bildern | 23 | Markenimage | 128, 131 |
| Kurzzeitgedächtnis | 38, 76 | Markenkommunikation | 123 |
| Kurzzeitspeicher | 76 | Markennamen | 34, 35 |
| | | Markennetzwerk | 47, 109, 123, 137 |
| **L** | | Markenpositionierung | 129 |
| Langzeitgedächtnis | 77 | Markenwissen | 28, 120, 122, 123 |
| Langzeitspeicher | 78, 97 | Medienanalyse | 143 |
| Läsionen | 125 | Mere-Exposure-Effekt | 104–107 |
| LED-Banden | 59 | Messmethoden | 130 |
| Lernen der Sponsoringbotschaft | 89 | aus der Neurowissenschaft | 152 |
| explizit | 90 | der Sponsoringwirkungsforschung | 143 |
| implizit | 96 | Erinnerung an Werbebotschaft | 144 |
| Lernkurve | 94, 111 | Eye-Tracking | 147 |
| Lernprozesse | 78, 81, 86, 98 | implizite Markenwirkung | 151 |
| aus neurologischer Perspektive | 80 | implizite Wirkungsebene | 146 |
| Limbic Map© | 28, 175 | in der Werbewirkungsforschung | 20 |
| Limbisches System | 120, 121, 164 | Recall u. Recognition | 144 |
| Logo | 34, 35, 44, 56, 138 | Messung | |
| Low-Involvement | 29 | der Aufmerksamkeit | 52 |
| Low-Involvement-Processing | 88 | der Markenrepräsentanz | 155 |
| | | Mittelhirn | 24 |
| **M** | | Momentangedächtnis | 76 |
| Magnetoenzephalographie (MEG) | 153 | Motivation | 126 |
| Magnetresonanzenzephalographie (MEG) | 16 | Motive der Rezipienten | 62 |
| Manipulation der Konsumenten | 69 | Mustererkennung | 85 |
| Marke | 49, 56, 138 | | |

## N

| | |
|---|---|
| Namenssponsoring | 36 |
| Nervenzellen | 25 |
| Neuartige Reize | 59 |
| Neuromarketing | 17, 72, 92 |
| Neuronen | 25 |
| Neurowissenschaften | 15, 51, 80, 105, 152, 163 |

## O

| | |
|---|---|
| Orientierungsreaktion | 58, 59 |

## P

| | |
|---|---|
| Parasite Marketing | 38 |
| Pawlow'scher Hund | 116 |
| Perceptional Fluency | 106 |
| Peripheres Sehfeld | 46 |
| Periphere Wahrnehmung | 61, 71 |
| Periphere Werbereize | 45, 59, 67, 68, 71, 72, 87 |
| Photorezeptoren | 46 |
| Plakate | 48 |
| Point-of-Sale | 89, 99, 131 |
| Positronen-Emission-Tomographie (PET) | 153 |
| Prägnanz | 55 |
| Pre-attentive-Processing | 88 |
| PR eines Sponsorships | 91 |
| Primacy- und Recency-Effekt | 37 |
| Priming | 98 |
| Produktabbildungen | 61 |
| Programmsponsoring | 37 |
| Psychologie | 15 |

## R

| | |
|---|---|
| Reaktanz | 99, 133 |
| Reaktionszeitmessung | 130, 153 |
| Recall | 130, 143, 144 |
| Recognition | 130, 143, 145 |
| Reichweite von Sponsoringbotschaften | 21 |
| Reizsetzung im Sponsoring | 94, 96 |
| Reizverarbeitung | 51 |
| Rezeptoren | 81 |
| Rückenmark | 24 |

## S

| | |
|---|---|
| Saccaden | 65 |
| Schach | 85 |
| Sensorischer Speicher | 76 |
| Sichtbarkeit von Werbeflächen | 63 |
| Sinnesverarbeitung | 72 |
| Speicherung der Sponsoringbotschaft | 75, 94 |
| Speicherung einer Information | 78 |
| Sponsor-Fitting | 133, 134, 136 |
| Sponsoringbotschaft | 62 |
|    Reichweite | 21 |
| Sponsoring für unbekannte Marken | 110 |
| Sponsoringmarkt | 11 |
| Sponsoringobjekt | 39, 126, 128, 129, 133, 136, 140, 160, 161, 165 |
| Sponsoringwirkungsforschung | 128, 141 |
| Sport als Bedeutungsträger | 140 |
| Sportgeräte | 33, 73 |
| Sportler | 33 |
| Sportsponsoring | 29, 106 |
|    Emotionalisierung der Marke | 124 |
|    Grundbegriffe | 39 |

im Rahmen klassischer Werbung 38
multisensorische Verstärkung 73
Wachstumsraten 11
Werbemöglichkeiten 32
Wirksamkeit 12
Sportwerbung 32
Steuerung der Aufmerksamkeit 53
Storytelling im Sportsponsoring 92
Synapsen 25

## T
Tachistoskoptest 70
Testimonialwerber 112, 132
Tiefeninterviews 132
Trikots 33, 48, 63, 73, 91, 156
TV-Spots 143, 162, 163

## U
Unterschwellige Werbewirkung 69, 70

## V
Vampir-Effekt 63
Verankerung der Sponsoringbotschaft 94
Verarbeitung akustischer Signale 66
Verarbeitung der Sponsoringbotschaft 67, 92, 132
Verarbeitung der Werbebotschaft 48, 86
Verarbeitungsprozess 65
Verarbeitungstiefe einer Sponsoringbotschaft 90
Virales Marketing 93

Visuelle Wahrnehmung 46

## W
Wahrnehmung der Sponsoringbotschaft 43, 72
Wahrnehmungswettbewerb 44, 52
Werbebanden 14, 35, 36
Werbebotschaften
  Komplexität 100
Werbeflächen 63
Werbeinsel im TV 38
Werbemittelgestaltung 58
Werbemöglichkeiten im Sportsponsoring 14
Werbepräsenz
  auf Sportlern oder Sportgeräten 33
  im Umfeld des Sportevents 35
Werbereize 59
Werbetrailer 37
Werbewirkung 27, 69
Werbewirkungsforschung 20
Werbliche Gestaltung
  implizite Bedeutung 60
Werbung
  aus neuropsychologischer Sicht 19
  Konsumentenansprache 22
  unterschwellige Wirkung 69
Wiederholung der Sponsoringbotschaft 99
Wirkungsstärke der Werbung 72

## Z
Zwischenhirn 24, 117

# Danksagung

Ein Buch schreibt man nie so ganz alleine. Es ist auch das Ergebnis zahlreicher Diskussionen mit meinen Fachkollegen bei SPORT+MARKT und der Deutschen Sporthochschule in Köln. Eine wichtige Unterstützung für dieses Buch war für mich aber auch die tägliche Arbeit mit den Kunden der SPORT+MARKT AG, welche es seit vielen Jahren ermöglichen, dass wir bei SPORT+MARKT Licht ins Dunkel der Sponsoringwirkung bringen können und zahlreiche spannende Studien zu diesem Thema durchführen durften. Ich möchte mich bei allen bedanken, die mir viel Anregung und Inspiration zum Schreiben dieses Buches gegeben haben. Namentlich möchte ich mich bei Hartmut Zastrow, Torsten Zoega und Marcel Cordes bedanken, die es mir ermöglicht haben, dieses Buch mit vielen Beispielen aus der Forschung von SPORT+MARKT zu veröffentlichen. Für spannende Fachdiskussionen rund um das Thema bedanke ich mich bei Prof. Dr. Christoph Breuer und Prof. Dr. Jörg Königstorfer. Nicht zuletzt danke ich meinem Team bei SPORT+MARKT für jahrelange engagierte Forschung: Markus Friedrich, Pierre Hatje, Bernd Binar, Dr. Ibrahim Köse und Gerald Dexel. Vielen Dank auch an Nicolai Schindler für die Erstellung der Grafiken.

Die neurowissenschaftliche Beschäftigung mit der Wirkung von Sportsponsoring steckt noch in den Kinderschuhen. Zu wenig ist bisher in die neurowissenschaftlich orientierte Grundlagenforschung sowie in die angewandte implizite Sponsoringforschung investiert worden. Dies ändert sich hoffentlich in naher Zukunft. Das vorliegende Buch soll dabei auch als Anregung dienen, sich stärker mit diesem spannenden Thema auseinanderzusetzen.

Ich würde mich freuen, wenn Ihnen das Buch gefallen hat und Sie einige Anregungen und interessante Erkenntnisse für Ihre praktische Arbeit ableiten konnten. Ich bin immer für den fachlichen Austausch dankbar. Anregungen und Kommentare sind sehr willkommen. Besuchen Sie mich gerne auf Xing und nehmen Sie Kontakt auf.

# Der Autor

**Jens Falkenau**
Jahrgang 1969, Diplom-Psychologe

Jens Falkenau ist seit über fünfzehn Jahren in der Markt- und Sponsoringforschung tätig. Nach seinem Studium der Psychologie und Betriebswirtschaftslehre sammelte er erste Berufserfahrung beim puls-Institut für Markt- und Medienforschung in Nürnberg. Anschließend wechselte er zu SPORT+MARKT, einem der weltweit größten Forschungs- und Beratungsinstitute mit Spezialisierung auf Forschungsthemen rund um das internationale Sportbusiness. Nach verschiedenen Stationen als Projektleiter und Senior Consultant arbeitete er als Mitglied der Geschäftsleitung und Head of Market Research. Jens Falkenau hat einen Lehrauftrag für Medien- und Werbepsychologie an der Rheinischen Fachhochschule und promoviert an der Deutschen Sporthochschule in Köln. Sein Spezialgebiet ist die implizite Wirkung von Sportsponsoring. Er ist verheiratet und hat zwei Kinder.